reinhardt

Basiswissen Frühpädagogik

Herausgegeben von Prof. Dr. Timm Albers

Titel in dieser Reihe:

Jungmann / Albers: Frühe sprachliche Bildung und Förderung
Kraska / Teuscher: Naturwissenschaftliche Bildung in der Kita
Schwarz: Frühe Bewegungserziehung

Weitere Titel in Planung!

Tanja Jungmann • Timm Albers

Frühe sprachliche Bildung und Förderung

Mit 2 Abbildungen und 7 Tabellen

Mit Online-Materialien

Ernst Reinhardt Verlag München Basel

Prof. Dr. *Tanja Jungmann*, Dipl.-Psychologin, lehrt sonderpädagogische Frühförderung und Sprachbehindertenpädagogik an der Universität Rostock.

Prof. Dr. *Timm Albers*, Sonderpädagoge, ist Juniorprofessor für frühkindliche Bildung an der Pädagogischen Hochschule Karlsruhe und lehrt im Studiengang Bildungswissenschaften für den Primarbereich an der Universität Bozen.

Bibliografische Information der Deutschen Nationalbibliothek

Die Deutsche Nationalbibliothek verzeichnet diese Publikation in der Deutschen Nationalbibliografie; detaillierte bibliografische Daten sind im Internet über <http://dnb.d-nb.de> abrufbar.
ISBN 978-3-497-02399-8 (Print)
ISBN 978-3-497-60138-7 (E-Book)

Printed in Germany

Cover unter Verwendung eines Fotos von © Joshua Blake und eines Fotos von Dmitriy Kalinin – istockphoto.com
Satz: Arnold & Domnick, Leipzig www.arnold-domnick.de

Ernst Reinhardt Verlag, Kemnatenstr. 46, D-80639 München
Net: www.reinhardt-verlag.de E-Mail: info@reinhardt-verlag.de

Inhalt

Hinweise zur Verwendung der Icons

Kapitelzusammenfassungen

Literatur- und Website-Empfehlungen

Definitionen

wichtige Informationen

Lernfragen

Beispiele

Online-Zusatzmaterial

Lösungen zu den Lernfragen sowie eine Linkliste rund um frühe sprachliche Bildung gibt es unter www.reinhardt-verlag.de. Das Passwort für die Dateien lautet: *Interaktion!* Das Online-Zusatzmaterial wird für die LeserInnen dieses Buchs zur Verfügung gestellt. Bitte geben Sie daher das Passwort nicht weiter!

Für DozentInnen: Unter www.reinhardt-verlag.de gibt es PowerPoint-Präsentationen zu den Themen dieses Buchs, u. a. für den Einsatz in Vorlesungen oder Fortbildungsveranstaltungen. Bitte mailen Sie unter Angabe Ihrer Dienstanschrift an info@reinhardt-verlag.de, damit wir Ihnen das Passwort für diese Präsentationen zuschicken können!

Einleitung

Funktionen der Sprache

Sprache stellt ein Verbindungselement zwischen der kindlichen sozialen und kognitiven Welt dar.

Nach Wygotsky (2002) erfüllt **Sprache** interpersonale Funktionen, d.h. als soziales Werkzeug ist sie wesentliches Mittel des kommunikativen Austausches mit Interaktionspartnern. Durch ihre Funktion als Werkzeug des Denkens beeinflussen die sprachlichen Kompetenzen aber auch maßgeblich die schulischen Perspektiven eines Kindes.

Da sprachliche Bildung eine Schlüsselkompetenz für Bildungsbereiche darstellt, kann die Sprachförderung *aller* Kinder als Kernaufgabe frühpädagogischer Fachkräfte verstanden werden. Sprachförderung oder -therapie werden notwendig, wenn Kinder nicht die sprachlichen Kompetenzen mitbringen, die einen erfolgreichen Schulbesuch erwarten lassen.

Brücken zur Sprache

In der kindlichen Entwicklung stellen die Eltern für ihre Kinder zunächst die bedeutendste Brücke zur Sprache dar, indem sie immer wieder kommunikativ herausfordernde Kontexte herstellen. Intuitiv gelingt es ihnen richtig, eine an die Entwicklung des Kindes angepasste Sprache zu verwenden, die dem Kind die relevanten Informationen über die Regelmäßigkeit der Umgebungssprache liefert. Die Umwelt, von der Kinder in Bezug auf den Spracherwerb profitieren, ist aber weitaus größer: Nicht nur ihre Eltern, sondern auch Geschwister, Spielpartner und andere erwachsene Bezugspersonen stellen einen wichtigen Teil der sprachlichen Umwelt bereit. Mit dem Eintritt in die Kindertagesbetreuung erweitert sich diese und damit auch die kommunikativen und sprachlichen Kompetenzen der Kinder. Damit im interaktiven Austausch Sprache erworben werden kann, muss man berücksichtigen, dass nur solche sprachlichen Äußerungen verarbeitet werden können, die für das Kind eine erkennbare Relevanz tragen (Grimm 2003). Die Grundlage der Interaktion zwischen Kind und frühpädagogischer Fachkraft stellt dabei eine stabile Beziehung dar, die durch Akzeptanz, Offenheit und aufrichtiges Interesse am Kind bestimmt ist.

Sprache und Literacy

Als besonders wirkungsvolles Format in Kindertageseinrichtungen kann exemplarisch das dialogische Bilderbuchlesen beschrieben werden, in dem die Fachkraft das Medium Buch und Schrift zum Einstieg in den Dialog mit einer Kleingruppe von Kindern nutzt und dabei (im Unterschied zum klassischen Vorlesen) den Kindern einen hohen Gesprächsanteil ermöglicht. Das Richten der Aufmerksamkeit auf den thematischen Fokus des Kindes, multiple Äußerungen zum gleichen Thema sowie Fragen und Erwiderungen auf die kindlichen Äußerungen beeinflussen den kindlichen Spracherwerb positiv. Durch das Erkennen des immer wiederkehrenden Erzählschemas gelingt es dem Kind auf der Grundlage literaler Erfahrungen, seine Erzählkompetenz zu erweitern. Die Auseinandersetzung mit Bildern, Symbolen und Schrift stellt darüber hinaus eine bedeutende Grundlage für den Schriftspracherwerb dar. Diese Kompetenzen werden dem Oberbegriff Literacy zugeordnet.

korrektives Feedback

Ein weiterer Aspekt der Interaktion, dem eine unterstützende Funktion zugewiesen wird, zeigt sich, wenn Erwachsene grammatisch inkorrekte Äußerungen der Kinder einfühlsam korrigieren oder modellieren, ohne dabei die Sprechfreude der Kinder zu unterbrechen. Mit dem impliziten Feedback wird signalisiert, ob die kindlichen Äußerungen korrekt oder fehlerhaft sind: Auf fehlerfreie Äußerungen reagieren Erwachsene häufiger mit Wiederholungen, fehlerhafte Äußerungen werden im Gespräch in der korrekten Form wiedergegeben oder durch zusätzliche sprachliche Informationen erweitert. Diese implizite Optimierung der sprachlichen Umwelt durch die Erwachsenen stellt einen wichtigen Einstieg in Morphologie und Syntax dar.

sprachliche Bildung und Förderung

Die fachliche Diskussion ist gegenwärtig stark davon bestimmt, welche Programme und Maßnahmen zur Sprachförderung im Kindergarten eingesetzt werden sollen. Während Einigkeit darüber besteht, dass aufgrund der sensiblen Phasen im frühen Spracherwerbsprozess in den Settings Familie und Kindertageseinrichtung ein besonderes Bildungspotenzial für Sprache und Literacy liegt, herrscht in der Praxis große Unklarheit darüber, in welcher Weise die Kinder bei dieser Erwerbsaufgabe optimal unterstützt werden können und welche diagnostischen Verfahren dabei die Grundlage für die Förderung darstellen sollen. In der Diskussion um vorschulische Sprachfördermaßnahmen wird zwischen sprachstrukturellen Förderprogrammen (additive Sprachförderung) und ganzheitlichen Sprachförderkonzepten (alltagsintegrierte Sprachförderung oder Sprachliche Bildung) unterschieden (Lisker 2011; Füssenich 2011).

sprachstrukturelle Förderprogramme

Bei der Durchführung sprachstruktureller Förderprogramme werden einzelne oder mehrere Sprachebenen (z. B. Wortschatz, Grammatik, phonologische Bewusstheit) systematisch nach einem festgelegten zeitlichen Ablaufplan mit vorgegebenem Material gefördert. Es existiert eine Vielzahl von Programmen zur Förderung der sprachlichen Fähigkeiten im Kindergartenalter (Jampert et al. 2007). Sprachstrukturelle Förderprogramme sind in den letzten Jahren vermehrt kritisiert worden, weil es ihnen oftmals an einer empirischen Wirksamkeitskontrolle fehlt, die den Nutzen für die Kinder nachweist (Jungmann / Fuchs 2009). Wird ihre Effektivität systematisch überprüft, ist das Ergebnis eher ernüchternd (vgl. z. B. EVAS – Evaluationsstudie zur Sprachförderung von Vorschulkindern von Roos et al. 2010).

Situationsorientierter Ansatz

Die ganzheitlichen Konzepte zur Unterstützung der Sprache, zu denen auch die (alltagsintegrierte) Sprachbildung gehört, stehen in der Tradition des situationsorientierten Ansatzes. Dieser geht davon aus, dass die Sprachkompetenz nicht in punktuellen, zeitlich begrenzten Fördereinheiten erworben wird, sondern durch Dialoge mit Erwachsenen, Gleichaltrigen, älteren und jüngeren Kindern in für die Kinder bedeutungsvollen Situationen innerhalb des Alltags in Krippe und Kindergarten. Die Sprachbildung knüpft an die aktuellen Bedürfnisse und Interessen der Kinder an, wobei ihr Interesse und ihre Motivation einer Aktivität gehören sollten, in der Sprache Mittel zum Zweck ist und damit eine Bedeutung trägt. Im Unterschied zu den sprachstrukturellen Förderprogrammen werden zwar Rahmenkonzepte vorgegeben, aber keine konkreten Inhalte (Bunse / Hoffschildt 2008). Die Unterstützung der Sprache ist durchgängiges Prinzip zur Gestaltung des Alltags in der Kindertageseinrichtung und erfolgt nicht nur punktuell oder zu bestimmten Fördereinheiten. Vielmehr ist es Ziel, die sprachlichen Kompetenzen aller Kinder von Anfang an umfassend zu fördern, Auffälligkeiten rechtzeitig zu erkennen und schulvorbereitend zu wirken, da das sprachliche Interaktionsverhalten in Elternhaus und Kindertageseinrichtung ein guter Prädiktor der späteren Sprach-, Lese- und Rechtschreibleistungen der Kinder ist (Tabor et al. 2001).

Orientierungs- und Bildungspläne

Die zentrale Bedeutung einer elementaren, alltagsintegrierten Sprachbildung hat inzwischen Eingang in die Orientierungs- und Bildungspläne aller Bundesländer gefunden. Deutschlandweit gilt es als grundlegende Bildungs- und Erziehungsaufgabe, die Handlungen der Kinder in alltäglichen Situationen sprachlich zu begleiten, Kommunikationsanlässe zu schaffen und Kinder über Lieder, Reime, Bilderbücher und vor allem das sprachliche Vorbild der frühpädagogischen Fachkräfte zu unterstützen. Diese Form der Sprachförderung stellt hohe Anforderungen an die Fachkräfte, die ausreichendes Wissen über den normalen Spracherwerb und die zugrundeliegenden Erwerbsprozesse benötigen, um Auffälligkeiten wahrzunehmen (Beobachtung und Dokumentation), sprachförderliche Situationen im Alltag identifizieren zu können, selbst als Sprachmodell zu fungieren und somit diese Situationen auch effektiv zur Sprachförderung einzusetzen. Zahlreiche Studien sprechen aber für eine nur unzureichende Nutzung des sprachförderlichen Potenzials von Alltagssituationen in Kindertageseinrichtungen (Girolametto et al. 2006). Gerade bei Kindern mit Sprachentwicklungsverzögerungen und mehrsprachig aufwachsenden Kindern ist die optimale Passung zwischen dem Sprachangebot der frühpädagogischen Fachkräfte und dem kindlichen Entwicklungsstand schwierig herzustellen, aber besonders bedeutsam.

inhaltlicher Überblick

Dieser Band versteht sich als Grundlagenwerk für Studierende früh- und kindheitspädagogischer Studiengänge sowie frühpädagogische Fachkräfte und Sprachförderkräfte in Kindertageseinrichtungen (Krippe und Kindergarten), das richtungsweisende Impulse für die Elternpartizipation enthält. Kapitel 1 (Hintergrund) stellt auf der Grundlage aktueller empirischer Erkenntnisse den Zusammenhang von Sprachkompetenz und Schulerfolg heraus. Weiterhin werden Sprache und Kommunikation in ihrer Bedeutung zur sozialen Teilhabe thematisiert. Die begriffliche Unterscheidung von Sprachbildung und Sprachförderung wird vertieft und durch die Bedeutung von Beobachtung und Dokumentation als Grundlage der professionellen Unterstützung sprachlicher Fähigkeiten ergänzt.

Kapitel 2 stellt Grundlagen des Spracherwerbs im Vorschulalter heraus und bietet mit der Fokussierung auf sprachliche Vorausläuferfähigkeiten, Meilensteine und Grenzsteine der Sprachentwicklung eine wichtige theoretische Fundierung professioneller pädagogischer Praxis. Ein Einblick in ausgewählte Störungsbilder, mit denen pädagogische Fachkräfte besonders häufig konfrontiert sind, schließt sich an.

Kapitel 3 widmet sich den sozialen Bedingungen des Spracherwerbs und fokussiert die Bedeutung der Familie, der Fachkraft-Kind-Interaktion und der Peergroup. Neben der sozial-emotionalen Bedeutung von Beziehung und Bindung wird auf allgemein sprachförderliche Strategien fokussiert, die Eltern intuitiv und pädagogische Fachkräfte professionell responsiv zur Gestaltung der sozialen Umwelt, zur Förderung von Literacy- und Erzählkompetenz bei Kindern mit Deutsch als Erst- und Zweitsprache einsetzen.

In Kapitel 4 wird auf Möglichkeiten der sprachspezifischen Diagnostik auf der Ebene der Kinder sowie auf die Diagnose sprachförderlicher Kompetenzen auf der Ebene der pädagogischen Fachkräfte eingegangen. Es schließt sich eine exemplarische Darstellung von Strategien der alltagsintegrierten Sprach- und Literacy-Förderung sowie von ausgewählten kindergartenbasierten Sprachförderprogrammen an. Aktuelle Befunde zur Effektivität von Sprachfördermaßnahmen für die pädagogischen Fachkräfte, die Kinder und die Peergroup ermöglichen eine fundierte Auseinandersetzung mit dem Nutzen dieser Maßnahmen.

Ein in der bildungspolitischen und fachlichen Diskussion noch vielfach vernachlässigter Aspekt von Sprachförderung stellt die Einbeziehung von

Eltern dar. Kapitel 5 zeigt in diesem Zusammenhang Möglichkeiten, aber auch Herausforderungen auf, die die Forderung nach Elternpartizipation mit sich bringt. Ausgewählte und bewährte elternbasierte Programme zur Sprach- und Literacy-Förderung werden vorgestellt und hinsichtlich ihres Nutzens reflektiert.

Im Ausblick (Kapitel 6) werden auf der Basis der in den vorangegangenen Kapiteln dargestellten Erkenntnisse Handlungsanforderungen an frühpädagogische Fachkräfte formuliert, die Verknüpfung von Elternpartizipation und Frühen Hilfen thematisiert und dabei insbesondere die Bedeutung von Kooperation und Vernetzung für eine gelingende Unterstützung sprachlicher Kompetenzen am Übergang von der Kindertageseinrichtung in die Schule herausgearbeitet.

Lernfragen und Online-Zusatzmaterial

Durch die Lernfragen am Ende jedes Kapitels (ab Kapitel 2) kann das erworbene Wissen im Selbststudium vertieft und gefestigt werden. Die Musterantworten auf diese Lernfragen sind auf der Website des Ernst Reinhardt Verlags unter www.reinhardt-verlag.de zu finden. Unter dieser Adresse können auch sämtliche im Text aufgeführten Website- und Literaturempfehlungen zusammengefasst downgeloadet werden.

1 Hintergrund

Die Ergebnisse von nationalen und internationalen Schulleistungsvergleichen weisen auf einen engen Zusammenhang zwischen den sprachlichen Kompetenzen eines Kindes und seinem Schulerfolg hin. In der Folge ist ein verstärkter bildungspolitischer Fokus auf das Thema sprachliche Bildung und Sprachförderung in allen Bundesländern zu verzeichnen. In den Orientierungs- und Bildungsplänen aller Länder spielt die Unterstützung sprachlicher Fähigkeiten mittlerweile eine ebenso zentrale Rolle wie in der Ausbildung früh- und kindheitspädagogischer Fachkräfte.

1.1 Bildungspolitischer Hintergrund

Sprache und Bildungserfolg

Die PISA-Studie (Programme for International Student Assessment) der OECD (Prenzel et al. 2003) deckte deutliche Mängel im Leistungsvermögen in der untersuchten Gruppe der 15-Jährigen bei den Basisfähigkeiten Lesekompetenz, mathematische und naturwissenschaftliche Grundbildung sowie im Bereich der fächerübergreifenden Kompetenzen und Schlüsselqualifikationen auf. Ein zentrales Ergebnis der Untersuchung belegt, dass schulexterne Faktoren die gemessenen Kompetenzbereiche entscheidend beeinflussen: So wurden Kinder mit niedrigem sozioökonomischen Status und Kinder mit Zuwanderungsgeschichte als Risikogruppen identifiziert. Die Ergebnisse der Schülerinnen und Schüler lassen befürchten, „dass diese auch im weiteren Lebenslauf den Anschluss an Ausbildung und Beruf, an Teilhabe und sozialer Integration verlieren“ (Rauschenbach 2005, 3).

Im internationalen Vergleich ist der Zusammenhang zwischen dem Leistungsvermögen der Jugendlichen mit dem sozioökonomischen Status des Elternhauses in Deutschland besonders hoch.

Begründungszusammenhang

Als Erklärung für die enge Kopplung von Bildungserfolg an sozioökonomische Faktoren werden die Sprachkompetenzen von Kindern und Jugendlichen gesehen, wenn sie den Ansprüchen der Unterrichtssprache Deutsch nicht genügen. Dieser Begründungszusammenhang wurde bereits in Untersuchungen aus den 1960er Jahren herangezogen, in denen sich zeigte, „dass Dialekt und schichtspezifische Sprachcodes vielen Schülern den Zugang zu den Inhalten des Unterrichts erschweren“ (Brügelmann / Brinkmann 2006, 30).

Die Kenntnisse der deutschen Sprache werden auch in der aktuellen Fachdiskussion als die entscheidende Schlüsselqualifikation beschrieben, dem Unterricht folgen zu können und ein Kompetenzniveau zu erreichen, welches einen erfolgreichen Schulbesuch und in der Folge die Teilhabe am gesellschaftlichen und wirtschaftlichen Leben im Erwachsenenalter ermöglicht:

> *„Das zentrale Medium schulischen Lernens ist die Sprache; wenn also sprachliche Probleme bzw. Sprachentwicklungsauffälligkeiten vorliegen, lässt sich daraus beinahe zwingend die Entstehung allgemeiner schulischer Probleme ableiten“ (Holler 2005, 25).*

Die Diskrepanz zwischen den Anforderungen der Alltagssprache und denen der Schulsprache dokumentiert sich beispielsweise in einem mehr als doppelt so hohem Risiko für Kinder mit Migrationshintergrund, an eine Förderschule mit dem Schwerpunkt Lernen überwiesen zu werden (Werning 2010). Als bildungspolitische Konsequenz wurde in den einzelnen Bundesländern eine Vielzahl schulischer und vorschulischer Programme zur Erkennung und Förderung von Sprachkompetenzen im Deutschen auf den Weg gebracht, um durch frühzeitige Unterstützung des Spracherwerbs allen Kindern den Zugang zu Bildungsprozessen zu ermöglichen.

Sprache und soziale Teilhabe

Eine ausreichende Sprachkompetenz in der Umgebungssprache Deutsch ist nicht nur eine bedeutende Voraussetzung für den Schulerfolg. Für Kinder und Jugendliche stellt sie auch ein wesentliches Werkzeug zur sozialen Teilhabe dar. So spiegelt das Entstehen von Freundschaften wesentliche Aspekte sozial-kommunikativer Fähigkeiten wider. Diese Kompetenzen umfassen die Initiierung und Aufrechterhaltung von Kontakten, die Fokussierung der Aufmerksamkeit der Interaktionspartner, sozial-emotional adäquates Verhalten gegenüber Spielpartnern und die Koordination von Spielprozessen (Fritz 2004). Auf dieser Grundlage lässt sich erklären, dass das Beherrschen grundlegender Kommunikationsstrategien für den Status und die Beliebtheit in der Peergroup ausschlaggebend ist. Es besteht daher das Risiko, dass Kinder mit geringer Sprachkompetenz weniger Freunde und Spielpartner finden (Albers 2010). Die fehlende Fähigkeit, in einen Diskurs mit Gleichaltrigen zu treten, ihn aufrecht zu erhalten oder auf Gesprächseröffnungen von Gleichaltrigen angemessen zu reagieren, kann zu einem völligen Ausschluss von Interaktionen in der Gruppe der Gleichaltrigen führen. Betroffene Kinder entwickeln kompensatorische Bewältigungsstrategien, indem sie eine stärkere Abhängigkeit zu Erwachsenen zeigen oder eigene Dialogbeiträge verkürzen (Rice 1993). In der Folge geraten diese Kinder in einen Kreislauf, der durch die Verfestigung eines negativen Selbstbildes und sozialen Rückzug geprägt ist. Wenn für Kinder mit geringen Sprachkompetenzen der Zugang zur sozialen Teilhabe erschwert ist, erhalten sie weniger Möglichkeiten, in den Dialog mit anderen Kindern einzutreten und können damit weniger vom sprachlichen Input profitieren (Kap. 3.3).

1.2 Sprachförderung in Bildungsplänen und Curricula

Wie im gemeinsamen Rahmen der Länder für die frühkindliche Bildung in Kindertageseinrichtungen vorgeschlagen (KMK/JMK 2004), wird Sprache als zentraler Bildungsbereich in allen Bildungsplänen der Bundesrepublik erwähnt und hinsichtlich der Konsequenzen für die frühpädagogische Praxis reflektiert. Die Bedeutung der Unterstützung sprachlicher Kompetenzen findet sich ebenso auch im bundesländerübergreifenden Bildungsrahmenplan für elementare Bildungseinrichtungen in Österreich (BMWFJ 2009) sowie im Orientierungsrahmen für die frühkindliche Bildung, Betreuung und Erziehung in der Schweiz (Netzwerk Kinderbetreuung 2012). Sprachentwicklung und Sprachförderung in der Familie und in den Kindertageseinrichtungen werden darin als zentral bedeutsam für die Chancengerechtigkeit in der Schule beschrieben. Die Unterschiede und Gemeinsamkeiten in den Aussagen zur Diagnostik von Sprachkompetenz, zur Sprachbildung und zur Sprachförderung in den Bildungsplänen für die Kindertageseinrichtungen der Länder sollen im Folgenden zusammengefasst werden.

Diagnostik in den Bildungsplänen

Bezogen auf die Diagnostik sprachlicher Kompetenzen finden sich in den Bildungsplänen nur sehr wenige Hinweise auf Verfahrensweisen oder Sprachstandserhebungsmaßnahmen, da die Praxis der Sprachstandserhebung in den meisten Bundesländern in gesetzlichen Vorgaben außerhalb der Bildungspläne konkretisiert wird, z. B. bei den Verfahren „Fit in Deutsch" in Niedersachsen (Niedersächsisches Kultusministerium 2012) oder „Delfin-4" in Nordrhein-Westfalen (Schulministerium NRW 2012), die nicht Teil der Bildungspläne sind. Wird die Diagnostik sprachlicher Kompetenzen im Bildungsplan genannt, gibt es im Vergleich der Länder folgende Gemeinsamkeiten und Unterschiede in Bezug auf die Durchführung von Feststellungsverfahren und die Kooperation mit den Familien:

Wer führt die Sprachdiagnostik durch?

Bayern betont als einziges Bundesland in seinem Bildungsplan explizit die Bedeutung der Früherkennung von Entwicklungsrisiken und die damit verbundenen Qualifikationsanforderungen an frühpädagogische Fachkräfte: Diese sollen die unterschiedlichen Verfahren zur Erfassung und Dokumentation sprachlicher Fähigkeiten beherrschen und im Sinne der Sprachförderung einsetzen können. Zur Identifizierung von Risikokindern wird zudem zur intensiven Kooperation mit Fachdiensten geraten. Die Zusammenarbeit zwischen Kindertageseinrichtung und Fachdienst erfolgt dabei auf der Basis von Gleichberechtigung im Sinne der Abstimmung von Fördermaßnahmen.

Die Kindertageseinrichtungen in **Schleswig-Holstein** sind dazu angehalten, Sprachheillehrkräfte (sonderpädagogische Lehrkräfte mit dem Schwerpunkt Sprache und Sprechen) der Förderzentren in ihrer Region hinzuziehen, wenn es um Beratung und Diagnose bei der Abgrenzung von Sprachförderbedarf und Sprachstörungen geht. Bei der Identifizierung einer Sprachstörung unterstützen Logopäden und Sprachtherapeuten.

Verfahren zur Feststellung von Sprachkompetenz in Bildungsplänen

In den Bildungsplänen der Länder **Schleswig-Holstein**, **Niedersachsen** und **Bayern** wird für die systematische Entwicklungsbegleitung sprachlicher Kompetenzen die Einführung der Beobachtungsbögen Sismik (Ulich / Mayr 2003) und Seldak (Ulich / Mayr 2006) vorgeschlagen (Kap. 1.3). Auch das Land **Brandenburg** verfolgt die regelmäßige und differenzierte Beobachtung von Kindern mit dem Ziel der Erfassung von Stärken und Vorlieben auf sprachlicher Ebene.

Zusätzlich zur Beobachtung der sprachlichen Entwicklung mithilfe des Beobachtungsbogens Sismik (Ulich / Mayr 2003) wird im Hamburger Bildungsplan die Sprachstandserhebung mit Havas 5 (Reich / Roth 2004) als Ausgangspunkt für die individuelle Förderung vorgeschlagen. Im Unterschied zu **Schleswig-Holstein**, **Bayern** und **Niedersachsen** wird in **Hamburg** also eine Kombination von standardisiertem Sprachscreening und prozessorientierter Begleitung der sprachlichen Fähigkeiten im Bildungsplan präferiert.

Wie werden die Eltern einbezogen?

Niedersachsen und **Brandenburg** betonen bei der prozessorientierten Beobachtung und Dokumentation der Sprachkompetenz die Bedeutung der Kooperation mit der Familie (Kap. 5). Die Beobachtungen der frühpädagogischen Fachkraft liefern einerseits Ansatzpunkte für Förderangebote im Alltag der Einrichtung, andererseits stellen sie eine Grundlage für die Zusammenarbeit mit den Eltern dar. **Niedersachsen** betont darüber hinaus jedoch auch die Bedeutung intensiver Kooperation mit den Eltern bei der Identifizierung der sprachlichen Kompetenzen in der Herkunftssprache.

sprachliche Bildung und Sprachförderung

Während die meisten Bildungspläne sprachliche Bildung und Sprachförderung synonym verwenden, findet sich im Bildungsplan Niedersachsens eine differenzierte Auseinandersetzung mit diesen Begriffen. **Sprachliche Bildung** ist demnach grundsätzlicher Bestandteil des Kindergartenalltags und kann durch eine Bereitstellung einer anregenden Lernumwelt intensiviert werden. In diesem Zusammenhang erweisen sich musikalische und rhythmische Formen wie Lieder, Reime und Singspiele verbunden mit Bewegung als besonders wirkungsvoll. Kinder erwerben ganz beiläufig die prosodischen, phonetisch-phonologischen und morphologisch-syntaktischen Elemente der Sprache, erweitern ihren Wortschatz und begegnen der Sprache in einer Weise, mit der sie einen Sinn verknüpfen. **Sprachförderung** kennzeichnet sich hingegen durch spezifische Unterstützung der sprachlichen Fähigkeiten durch gezielte Kleingruppenarbeit und den reflektierten Einsatz von Korrektur- und Modelliertechniken durch die frühpädagogische Fachkraft in einem für die Kinder bedeutungsvollen Rahmen, wenn bei einem Kind ein Förderbedarf identifiziert wurde. Sprachliche Bildung wird dieser Systematik zufolge als durchgängiges Prinzip der pädagogischen Arbeit in der Kita verstanden und sieht Sprache nicht als isoliertes Phänomen, sondern in der Verknüpfung mit anderen Entwicklungsbereichen.

Der Kerngedanke der Einbindung von Sprache in den gesamten Alltag einer Kindertageseinrichtung, wie er sich im niedersächsischen Bildungsplan wiederfindet, wird auch im Bildungsplan **Thüringens** betont: Danach sind sprachliche und schriftsprachliche Bildungsprozesse nicht auf eine dafür vorgesehene Zeitspanne im Tagesablauf zu beschränken, sondern beziehen alle Situationen ein, in denen Kinder sich bilden. Erwachsene schaffen dafür die Rahmenbedingungen und halten Angebote vor, um die sprachliche Bildung bei Kindern anzuregen und nachhaltig zu unterstützen.

Sprachliche Bildung in Kindertageseinrichtungen spiegelt sich in der Bereitstellung einer anregungsreichen Umgebung im Kindergarten, der Bedeutung der frühpädagogischen Fachkraft als sprachliches Vorbild und der Bedeutung der Interaktion wider.

Zur Grundausstattung einer Kindertageseinrichtung gehören dem Bildungsplan **Schleswig-Holsteins** zufolge gut ausgestattete Bibliotheken mit Bilder- und Sachbüchern, Lese- und Hörecken, Schreibecken mit Stiften, verschiedenen Schreibutensilien und Aufnahmegeräten. Lernwerkstätten bieten Kindern die Möglichkeit zum Austausch über naturwissenschaftliche Phänomene. Zur Differenzierung zwischen sprachlicher Bildung, Sprachförderung und Sprachtherapie kann die Zusammenarbeit mit Fachdiensten genutzt werden, wie sie von **Schleswig-Holstein** vorgeschlagen wird: Kindertageseinrichtungen können Sprachheillehrkräfte aus Förderzentren in ihrer Region hinzuziehen, wenn es um Beratung und Diagnose bei der Abgrenzung von Sprachförderbedarf und Sprachstörungen geht.

Erst- und Zweitspracherwerb

Voraussetzungen für die kompetente Bereitstellung einer Umgebung, die die sprachliche Bildung von Kindern ermöglicht, werden in der Kenntnis der frühpädagogischen Fachkräfte über Meilen- und Grenzsteine des Spracherwerbs (Kap. 2) gesehen. Insbesondere **Hessen** betont dabei die Bedeutung des sprachlichen Klimas und des Bildungsniveaus in der Familie für die Qualität des Spracherwerbs eines Kindes. Für Kinder mit wenig sprachlicher Anregung in der Familie übernehmen Bildungseinrichtungen eine kompensatorische Funktion. Zur gezielten und bewussten Unterstützung des Spracherwerbs sind auch dem Bildungsplan **Niedersachsens** entsprechend Kenntnisse über den Erst- und Zweitspracherwerb unerlässlich. Darüber hinaus spielen aber auch Aspekte der nicht sprachlichen Kommunikation eine wichtige Rolle, da Kinder sich in einem frühen Erwerbsprozess, z. B. beim Eintritt in die Krippe, auch an nonverbalen Hinweisen, wie Mimik und Gestik orientieren.

Fachkraft als Vorbild

Bremens Bildungsplan enthält explizite Hinweise zum Einsatz der Sprache durch die frühpädagogische Fachkraft in Gesprächen mit einzelnen Kindern und innerhalb der Vielzahl an natürlichen Sprechanlässen während des Tagesablaufs (Kap. 3): Dem handlungsbegleitenden Sprechen kommt dabei eine hohe Bedeutung zu, Absichten und Interessen werden im Dialog geklärt, Fragen beantwortet, Konflikte bearbeitet und Planungen gemeinsam diskutiert. Beim Austausch von Ergebnissen werden darüber hinaus narrative und dialogische Kompetenzen unterstützt und erweitert. Die Komplexität und Äußerungslänge der Sprache der Fachkraft richtet sich dabei nach der Kompetenz der Kinder, um genügend Anregung zu bieten aber nicht zu überfordern. Der Bremer Bildungsplan konkretisiert damit die hohen Qualifikationsanforderungen an frühpädagogische Fachkräfte, die mit den in **Niedersachsen** und **Hessen** geforderten Kenntnissen über den Erst- und Zweitspracherwerbsprozess einhergehen:

Fachkräfte benötigen Kenntnisse über die individuellen Sprachstände, um entwicklungsangemessen in einen Dialog mit den Kindern treten zu können.

Der Hinweis auf entsprechende Methoden im Einsatz der Sprache findet sich u. a. auch im Bildungsplan **Schleswig-Holsteins** wieder. So sollen Interaktionsstrukturen etabliert werden, in denen sprachliche Zielformen durch den expliziten Einsatz von Korrektur- und Modellierungstechniken (Kap. 3) in den Fokus der kindlichen Aufmerksamkeit gerückt werden. Dies zielt vorrangig auf die rezeptive Dimension der Sprachentwicklung ab, um den Aufbau innerer Repräsentation der Zielstruktur zu ermöglichen und Kinder zur Produktion zielsprachlicher Äußerungen zu befähigen. Die Korrektur- und Modelliertechniken sollten variabel eingesetzt und die Form- und Funktions-Beziehungen der Zielformen in kontrastierender Weise hervorgehoben werden. Die Prägnanz des Einsatzes der expliziten Techniken im Diskurs ist für die Überführung der Zielstruktur in die Spontansprache des Kindes dabei effektiver als die Quantität durch Wiederholung der Äußerung. Im Unterschied zu allen anderen Bundesländern sieht der Bildungsplan **Sachsen-Anhalts** die Beherrschung des Hochdeutschen durch die frühpädagogische Fachkraft als wichtige Voraussetzung für die Unterstützung sprachlicher Fähigkeiten an.

Insgesamt werden in den Bildungsplänen die hohen Anforderungen an Fachkräfte deutlich, die mit dem bewussten Einsatz der Sprache einhergehen. Niedersachsen weist im Bildungsplan einen entsprechend hohen Professionalisierungsbedarf im Kontext von sprachlicher Bildung und Sprachförderung aus und schlägt gemeinsame Fortbildungsveranstaltungen von Lehrkräften und frühpädagogischen Fachkräften vor, da die Sprachförderung eine gemeinsame Aufgabe von Schule und Kindertageseinrichtung darstellt (Kap. 6.3).

Bedeutung der Peergroup

Die Bedeutung der Peerinteraktion wird im Bildungsplan **Bayerns** in sehr differenzierter Weise herausgearbeitet. Kindern, die in einer Einrichtung mit einem hohen Anteil von Kindern nicht deutscher Herkunftssprache aufwachsen, benötigen dem Bildungsplan Bayerns entsprechend eine intensivere Förderung in Kleingruppen, Einzelfördersituationen, stärkere Zusammenarbeit mit der Familie sowie eine Öffnung der Einrichtung für die Kooperation mit Semiprofessionellen, wie z. B. Vorlesepaten, und Personen mit einer anderen Herkunftssprache als Deutsch. Im Unterschied zu allen anderen Bundesländern greift Bayern eine problematische Entwicklungsbedingung von Kindern auf, die in einem „sozialen Brennpunkt" aufwachsen und innerhalb der Peergroup nur eingeschränkte Kontaktmöglichkeiten zur Umgebungssprache Deutsch erhalten.

1.3 Fachpolitische Diskussion um Sprachdiagnostik und Sprachförderung

Analog zu den Bildungsplänen herrscht auch in der fachpolitischen Diskussion Einigkeit über die hohe Bedeutung von Sprachkompetenz und Sprachförderung von Kindern im Vorschulalter. Die Legitimation von Sprachdiagnostik und Sprachförderung folgt in den fachpolitischen Positionspapieren zwei Argumentationslinien: Die **bildungspolitische Argumentation** stützt sich dabei auf die Bewältigung der sprachlich vermittelten Anforderungen in der Schule im Sinne der Herstellung von Schulfähigkeit. Die **integrationspolitische Argumentationslinie** fokussiert vor allem die Integration von Kindern und Jugendlichen mit Zuwanderungsgeschichte in das Bildungssystem.

Auf der Grundlage der von List (2010) vorgeschlagenen Kategorisierungen von Sprachdiagnostikinstrumenten (standardisiert vs. informell) und Sprachförderkonzepten (strukturiert vs. alltagsintegriert) werden die verschiedenen fachpolitischen Perspektiven im Folgenden zugeordnet und diskutiert.

1.3.1 Sprachdiagnostik in der fachpolitischen Diskussion

Die fachpolitische Diskussion um Sprachdiagnostik verläuft eindeutig im Sinne der strikten Ablehnung des Einsatzes standardisierter Diagnostik in Kindertageseinrichtungen. Isolierte Testverfahren, Screenings und Sprachstandsmessungen werden von der Bundesarbeitsgemeinschaft der Freien Wohlfahrtsverbände (BAG FWV 2008) zugunsten einer konzeptionellen Fokussierung auf die Bereiche Spracherwerb unter Berücksichtigung von Mehrsprachigkeit und interkultureller Pädagogik vernachlässigt. Dieser Position zufolge führen standardisierte Sprachstandsmessungen und Testverfahren bereits bei vierjährigen Kindern zu frühzeitigen und vermeidbaren Prüfungssituationen. Der damit einhergehende Leistungs- und Selektionsansatz sei für den Bereich der Frühpädagogik abzulehnen, vielmehr müsse eine Orientierung an den Bildungsplänen zur altersangemessenen Unterstützung kindlicher Sprache in einrichtungsspezifischen Konzepten umgesetzt werden (BAG FWV 2008). Unterstützung erhält diese Darstellung auch vom Deutschen Bundesverband für Logopädie (dbl 2008): So könne eine Sprachstandserhebung erst dann legitimiert werden, wenn das Verfahren mit einem darauf folgenden Sprachförderprogramm abgestimmt sei. Dies sei in der gegenwärtigen Praxis von Sprachdiagnostik und Förderung jedoch nur in Ausnahmen erkennbar, daher wird ein völliger Verzicht auf Sprachdiagnostik in Kindertageseinrichtungen nahegelegt. Neben der fehlenden Verknüpfung von Diagnostik und Förderung sind die Probleme von Sprachdiagnostik auch in der Konzeption und Zielstellung des Verfahrens zu sehen (GEW 2007). So sei es von Bedeutung, ob ein diagnostisches Instrument Grundlagen für den Schriftspracherwerbsprozess oder fehlende sprachliche Fähigkeiten in der Umgebungs- oder Herkunftssprache ermittelt.

Standardisierte Sprachscreenings werden in diesem Kontext übereinstimmend als entbehrlich beschrieben, da sie weder konzeptionell mit den nachfolgenden Sprachfördermaßnahmen abgestimmt, noch zeitlich und finanziell angemessen ausgestaltet seien. Weitere Kritik wird darin formuliert, dass die Verfahren wenig aussagekräftig, nicht ökonomisch und unzureichend evaluiert seien. Die Mehrzahl der durchführenden pädagogischen Fachkräfte in Kindertageseinrichtungen und Schulen seien nicht hinreichend qualifiziert, um über die Einschätzung des Sprachstandes hinaus Implikationen für die Förderung treffen zu können (Deutsche Gesellschaft für Sprachheilpädagogik DGS 2007).

Beobachtungsverfahren

Das Ziel von Sprachstandserhebungen, sprachförderbedürftige Risikokinder zu identifizieren, kann aus fachpolitischer Perspektive auch mithilfe von Beobachtungsbögen zur Einschätzung der Sprachkompetenz erfolgen, die in der pädagogischen Praxis von Kindertageseinrichtungen bereits eingesetzt werden. Dabei sind Beobachtungsverfahren den punktuellen Sprachstandserhebungen vorzuziehen, weil sie den Entwicklungsprozess der Kinder dokumentieren.

Während auf der einen Seite somit betont wird, dass frühpädagogische Fachkräfte auf den Einsatz von Sprachscreenings verzichten sollten, wird auf der anderen Seite insbesondere von Fachverbänden aus den Bereichen Logopädie und Sprachtherapie jedoch gleichzeitig darauf verwiesen, dass eine Differenzierung von Sprachförderbedarf und Sprachtherapiebedarf mit informellen Verfahren nicht gelingen könne. Dieser Widerspruch soll damit aufgelöst werden, dass eine differenzierende Testdiagnostik von Fachpersonen durchgeführt wird, die dafür ausgebildet worden sind. Sprachtherapeuten werden in diesem Zusammenhang aufgrund ihrer Erfahrung in der Untersuchung sprachauffälliger Kinder als Kooperationspartner vorgeschlagen (DBS 2007). Aus der Sicht der Deutschen Gesellschaft für Sprachheilpädagogik (2007) besteht deutlicher Handlungsbedarf bei der Einbeziehung linguistischer, erst- und zweitspracherwerbstheoretischer und diagnostischer Kriterien innerhalb der Konzeption von Erhebungsverfahren. Als konkrete Handlungsschritte werden daher folgende Punkte vorgeschlagen:

1. Durchführung einer verpflichtenden, gezielten Langzeitbeobachtung durch frühpädagogische Fachkräfte anhand von Beobachtungsinstrumenten wie Sismik und Seldak, um Kinder mit offensichtlich regelhaftem Spracherwerb und ausreichenden Sprachkenntnissen zu identifizieren.

2. Alle Kinder, die keine Kindertageseinrichtung besuchen und diejenigen, bei denen durch die Langzeitbeobachtung nicht eindeutig ein regelhafter Spracherwerb festgestellt werden konnte, sollten an einer

verpflichtenden Sprachstandserhebung teilnehmen. Eine zielführende Umsetzung dieser Feststellung des Sprachstandes erfordert zwingend eine Professionalisierung des Personenkreises, der diese Maßnahmen durchführt (DGS 2007, 3). Sprachstandserhebungen müssen sich dabei folgenden Kriterien stellen:

- Einbeziehung aktueller Forschungsergebnisse bei der Konzeption,
- Explizierung des zugrunde liegenden Sprachbegriffs sowie der Spracherwerbstheorie,
- förderdiagnostische Ausrichtung durch die Möglichkeit einer qualitativen Fehleranalyse,
- Evaluation der Güte,
- Berücksichtigung der spezifischen Spracherwerbssituation von monolingual deutschen bzw. bilingualen Kindern durch eine differenzierte Auswertung,
- Betrachtung beider Sprachen bei bilingual aufwachsenden Kindern und In-Beziehung-Setzen dieser Ergebnisse.

Anzustreben sei zudem eine Aussage bezüglich der Differenzierung von Sprachförderung und Sprachtherapie durch den Einsatz von Erhebungsinstrumenten, die Kinder mit sprachtherapiebedürftigen Sprachstörungen frühzeitig identifizieren.

Im Unterschied zu den Positionen von DBS (2007) und DGS (2007), die die Durchführung von Sprachdiagnostik nicht frühpädagogischen, sondern medizinisch-therapeutischen bzw. sprachheilpädagogischen Fachkräften zuordnen, schlägt die GEW (2007) vor, Sprachstandserhebungen durch Instrumente der Beobachtung und Dokumentation (Bildungsbuch, Bildungsdokumentation, Sprachlerntagebuch, Portfolio etc.) zu ergänzen bzw. völlig zu ersetzen. Sprachtests und Screenings hätten demnach nur dann eine Berechtigung, wenn sie im Regelbetrieb durch deren Fachkräfte und als Teil eines Unterstützungskonzeptes durchgeführt werden würden. Die besonders belastende Situation während einer Testung solle für die Kinder in Kindertageseinrichtungen damit verhindert werden.

1.3.2 Sprachförderung in der fachpolitischen Diskussion

Die Förderung von Sprache wird aus der Sicht von fachpolitischen Verbänden nicht als isoliertes Vorhaben betrachtet, sondern als Bestandteil eines Gesamtkonzepts im Kindergarten gesehen. Bei der Förderung sprachlicher Kompetenzen stehen die Fragen danach im Vordergrund, *wie gefördert werden soll* (alltagsintegrierte Sprachförderung vs. additive Sprachförderung), *wer gefördert werden soll* (bildungsbenachteiligte Kinder, Kinder mit Sprachentwicklungsverzögerungen, Kinder mit Migrationshintergrund), *was gefördert werden soll* (kommunikative Fähigkeiten, Erwerb der Schriftsprache oder einer Fremdsprache), und *wer die Förderung durchführen soll* (frühpädagogische Fachkräfte, Lehrkräfte oder Sprachtherapeuten bzw. Logopäden).

Wie soll gefördert werden?

Grundlegende Übereinstimmung besteht in den fachpolitischen Positionen darin, dass die Sprachförderung in ein Gesamtkonzept integriert und im Alltag der Einrichtung eingebettet werden muss (AGJ 2009; dbl 2008; BAG FWV 2008). Sprachförderung im Kindergarten wird dann Erfolg zugeschrieben, wenn sie alltagsorientiert ist und die frühpädagogische Fachkraft die Bedeutung von Sprache als Schlüssel für Bildung als durchgängiges Prinzip der pädagogischen Arbeit nutzt. Punktuell eingesetzte Programme führen zur Unterbrechung des Kindergartenalltags und isolieren Sprachförderung und Bildungsprozesse voneinander (dbl 2008).

Da sprachliche Kompetenz von Kindern als entscheidender Faktor zur Realisierung von Bildungschancen beschrieben wird, stellt Sprachförderung einen unverzichtbaren Bestandteil des pädagogischen Alltags in Kindertageseinrichtungen dar.

Die Durchführung von additiven Förderprogrammen im Kindergarten, mit denen die frühpädagogische Fachkraft eine Gruppe von Kindern nach einem festgelegten Vorgehen in zeitlich festgelegten Intervallen ein oder mehrmals pro Woche fördert, wird in der fachpolitischen Diskussion abgelehnt, da eine Förderung im „Gießkannenprinzip" (ein Programm für alle förderbedürftigen Kinder) die individuellen Förderbedürfnisse weitgehend unberücksichtigt lässt. Auch wirke sich der Einsatz punktuell durchgeführter Sprachförderprogramme nachweislich nicht effektiv auf die sprachlichen Kompetenzen von Vorschulkindern aus (dbl 2008). Eine Differenzierung von Sprachförderung und Sprachtherapie ist aus dieser Perspektive unumgänglich. Kinder mit einer diagnostizierten Sprachstörung sollen von den verpflichtenden Sprachfördermaßnahmen befreit werden, da sie bereits therapeutisch versorgt werden (dbl 2008).

Wer soll gefördert werden?

Bei der Zielgruppe der Fördermaßnahmen besteht Einigkeit darin, dass die in den internationalen Schulleistungsvergleichen identifizierten Risikogruppen der sozio-ökonomisch benachteiligten Kinder und der Kinder mit Deutsch als Zweitsprache im Vordergrund der Bemühungen stehen müssen. Da sozioökonomische Faktoren einen erheblichen Einfluss auf die Gesundheit und das Wohlbefinden der Kinder nehmen und der Spracherwerbsprozess in engem Zusammenhang mit anderen Entwicklungsbereichen steht, sind Fördermaßnahmen, die sich allein auf den Erwerb der deutschen Sprache konzentrieren, als verkürzt zu bezeichnen. Die Korrelation sozialer, kultureller, ethnischer und ökonomischer Hintergründe mit individuellen Lebenslagen, welche die Möglichkeiten von Bildung, Integration und Teilhabe entweder fördern oder aber einschränken, führt insbesondere bei Kindern und Jugendlichen mit Migrationshintergrund zur Bildungsbenachteiligung. Maßnahmen zur Sprachförderung sollten sich daher nicht nur auf den vorschulischen Bereich fokussieren, sondern auch in der Schule fortgesetzt werden (JMD 2009; AGJ 2009). Im Vordergrund integrationspolitischer Argumentationslinien stehen dabei Angebote zum Erwerb der Umgebungssprache bei gleichzeitiger Unterstützung und Pflege der Herkunftssprache. Hierdurch soll neben der Vermittlung kultureller Werte auch das Selbstwertgefühl der Kinder und Jugendlichen gestärkt werden.

Was soll gefördert werden?

Die GEW (2007) schlägt zur Umsetzung ein integriertes und aufeinander aufbauendes Gesamtkonzept sprachlicher und interkultureller Bildung vor, welches die Ressourcen mehrsprachig aufwachsender Kinder in Kindergarten und Schule in den Vordergrund stellt. Dieses Konzept umfasst die Sprachförderung in der Unterrichtssprache Deutsch als Zweitsprache wie auch in der Erstsprache und eine allgemeine Leseförderung aller Kinder. In der Beurteilung der sprachlichen Kompetenzen von Kindern mit Deutsch als Zweitsprache ist in diesem Verständnis nicht von Sprachproblemen zu sprechen, sondern lediglich von nicht ausreichenden Deutschkenntnissen, da dem Begriff der Sprachprobleme und der damit verbundenen Sprachförderung eine diskriminierende Bedeutung anhafte.

Die Anerkennung und Wertschätzung der Herkunftssprache wird aufgrund der identitätsstiftenden Funktion von Sprache dabei als ein wichtiger psychologischer Faktor für Menschen mit Migrationshintergrund beschrieben (Verband Binationaler 2010**).**

Bei aller Zustimmung zur Sprachförderung wird in der fachpolitischen Diskussion wiederholt kritisch angemerkt, dass eine Förderung sprachlicher Kompetenzen immer auch mit dem Makel vorherigen Versagens verbunden wird, da nur derjenige gefördert werde, bei dem vorher Defizite festgestellt worden sind (Grundschulverband 2007). Der Grundschulverband spricht sich damit nicht gegen Sprachfördermaßnahmen per se aus, sondern gegen die Fokussierung auf Testdiagnostik, die der Förderung vorausgeht.

Bei der Diskussion um Sprachförderung von Kindern mit Migrationshintergrund wird vielfach übersehen, dass auch Kinder deutscher Herkunft Schwierigkeiten mit dem Erwerb und dem Gebrauch der deutschen Sprache zeigen. Daher werden ganzheitliche Konzepte vorgeschlagen, die bereits im Elternhaus ansetzen und die nachfolgenden Sozialisationsinstanzen einbeziehen (KEG 2007). Die Elternpartizipation rückt hier in den Fokus der Aufmerksamkeit (Kap. 5). In diesem Zusammenhang entwickeln sich in einigen Bundesländern Kindertageseinrichtungen zu Familienzentren und bündeln dort Angebote der Familien- und Elternbildung. Zur Steuerung dieser Kooperationsstrukturen, insbesondere im Hinblick auf Interkulturalität und Inklusion, sowie der Zusammenarbeit mit Familien in belasteten Situationen, braucht eine frühpädagogische Fachkraft spezifische Kompetenzen, um Zugänge auch zu eher bildungsfernen Familien zu entwickeln (AGJ 2009).

Wer soll die Förderung durchführen?

Im Unterschied zur fachpolitischen Position der BAG FWV (2008), nach der die Sprachförderung von frühpädagogischen Fachkräften durchgeführt werden sollte, soll den Vorschlägen der DGS (2007) zufolge die Umsetzung der Sprachförderung durch die Implementierung von integrierten, interdisziplinären Kompetenzteams der Sprachförderung und Sprachtherapie in vorschulischen Bildungsinstitutionen gesichert werden. Diese sind an der Entwicklung von Elternberatungs- und Fortbildungsstrukturen zur Diagnostik und Therapie von Sprachstörungen sowie an einer Qualitätsentwicklung und -sicherung der organisatorischen Umsetzung beteiligt. Sprachfördermaßnahmen griffen demnach erst dann, wenn vorhandene Ressourcen in der Schnittstelle zwischen Bildungs- und Gesundheitswesen genutzt würden. Frühpädagogischen Fachkräften komme in diesem Kontext die Aufgabe zu, ihrem Bildungs- und Erziehungsauftrag entsprechend, die kindliche Entwicklung im Prozess zu beobachten und zu unterstützen. Sprachtherapeutische Fachkräfte führten sprachspezifische Diagnostik und Therapie durch und brächten ihre fachliche Kompetenz zur Prävention und Beratung sowie zur Konzeption und Durchführung von Sprachfördermaßnahmen ein (dbl 2008). Als erstrebenswert wird ein von Fachvertretern und Bildungspolitikern gemeinsam vertretenes, bundesweit einheitliches Konzept zur vorschulischen Sprachstandserhebung und Sprachförderung mit eindeutigen gesetzlichen Regelungen erachtet (DGS 2007).

organisatorische Rahmenbedingungen

Obwohl eine gezielte Sprachförderung grundsätzlich begrüßt wird, werden Kritikpunkte wegen der zusätzlichen Belastung der Grundschullehrkräfte und Fachkräfte in Kindertageseinrichtungen (Grundschulverband 2007) und der geringen Mittel für die Durchführung formuliert (DGSS 2007). Die fachpolitischen Positionen fordern zur zielgerechten Umsetzung von Sprachdiagnostik und Sprachförderung daher verbindliche Standards, zum Beispiel die Freistellung von der Arbeit am Kind während der Wochenarbeitszeit für Aufgaben im Bereich der Leitung, Vor- und Nachbereitungszeiten, Teambesprechungen und Elternarbeit. Dazu zählt auch eine grundsätzliche Verbesserung der Rahmenbedingungen in den Kindertageseinrichtungen.

In der Ausbildung frühpädagogischer Fachkräfte wird eine grundständige sozial- bzw. kindheitspädagogische Berufsqualifizierung als unerlässliche Grundlage für die Bewältigung der oben genannten Anforderungen hervorgehoben (AGJ 2010). Die in einigen Positionen (DGS 2007; dbl 2008; AGJ 2009) wiederkehrende Forderung nach einer Netzwerkorientierung und Öffnung der Kindertageseinrichtungen für die Zusammenarbeit mit Fachdiensten als zeitgemäße Form von Bildung rückt in Form von kommunalen Bildungslandschaften immer stärker in den Blickpunkt fachpolitischer Forderungen (AGJ 2009).

Ein quantitativ gut ausgebautes und qualifiziertes Netz von Fachberatung und Fachdiensten gilt als unverzichtbar, um dem Erziehungs-, Bildungs- und Betreuungsanspruch von Kindern in Kindertageseinrichtungen gerecht zu werden.

1 Wo liegen die Unterschiede zwischen den Begriffen sprachliche Bildung und Sprachförderung?

2 Wie werden Sprachfördermaßnahmen vor der Einschulung begründet?

3 Welche Bedeutung hat Sprache für die Entwicklung sozialer Kompetenzen?

4 Mit welchen Argumenten werden standardisierte Sprachstandserhebungen in Kindertageseinrichtungen abgelehnt?

2

Meilen- und Grenzsteine des Spracherwerbs im Vorschulalter

Für das Verständnis der Entstehung von Störungen des Spracherwerbs, um diese erkennen und adäquate Förderstrategien auswählen zu können, sind Kenntnisse über den erfolgreichen Spracherwerb, seine Voraussetzungen und Bedingungen notwendig. Diese Grundlagen werden in dem vorliegenden Kapitel gelegt. Neben den Vorläuferfähigkeiten des Spracherwerbs werden dessen Meilen- und Grenzsteine für die verschiedenen Sprachebenen beschrieben. Abschließend wird auf ausgewählte sprachliche Auffälligkeiten und Störungsschwerpunkte eingegangen.

Komplexität des Spracherwerbs

Mit der Sprache erwirbt das Kind ein überaus komplexes System, das auf viele andere Funktionen zurückgreift und auf ihnen aufbaut. Andererseits beeinflusst sie viele Entwicklungsbereiche: Die Sprache ist das wichtigste Kommunikationsmittel und ein wesentliches Instrument der emotionalen und kognitiven Selbstregulation. In der Beziehung zu Erwachsenen stellt sie ebenso wie in der Interaktion und Kommunikation mit Gleichaltrigen einen wesentlichen Faktor dar (Kap. 3). Obwohl der Spracherwerb ein sehr gut kanalisierter und robuster Prozess ist, ist die Sprache wie kein anderer Entwicklungsbereich störungsanfällig, mit gravierenden Folgen für die Entwicklungsmöglichkeiten in anderen Bereichen.

Prävalenzen

Nach konservativen Schätzungen sind ca. 15 % der Kinder eines Jahrgangs von Sprachentwicklungsstörungen unterschiedlicher Ursache betroffen. Nach einer flächendeckenden Bedarfsanalyse für Sprachförderung in Bielefelder Kindergärten (Grimm et al. 2004) zeigen knapp 10 % der deutschsprachigen vier- bis fünfjährigen Kinder Defizite im phonologischen und syntaktischen Bereich, weitere 20 % sind in einem der beiden Bereiche auffällig.

Folgeprobleme

Sprachliche Defizite sind nicht selten der Beginn anhaltender und tiefgreifender Entwicklungsstörungen. Kany / Schöler (2010) sprechen in diesem Zusammenhang von einer „Metastasierung“: Gemeint ist, dass durch Sprachentwicklungsstörungen nicht nur der schulische und berufliche Erfolg eingeschränkt wird, sie führen auch mit hoher Wahrscheinlichkeit zu sozial-emotionalen Problemen wie Aggressivität oder sozialem Rückzug.

multifaktorielle Verursachung

Sprach- und Sprechstörungen treten im Kindesalter als spezifische Störungsbilder in Erscheinung. Sie können aber auch im Zusammenhang mit psychiatrischen oder neurologischen Erkrankungen auftreten (*sekundäre Sprachstörungen*). Nach heutiger Auffassung sind die Ursachen von Sprachentwicklungsstörungen multifaktoriell. Sie können im Kind (*primäre Vulnerabilität*), in der Sprachumwelt des Kindes (*Stressoren*) oder in der fehlenden Passung zwischen inneren Voraussetzungen des Kindes und familiären oder institutionellen Lernbedingungen liegen. Eine Übersicht gibt Abbildung 1.

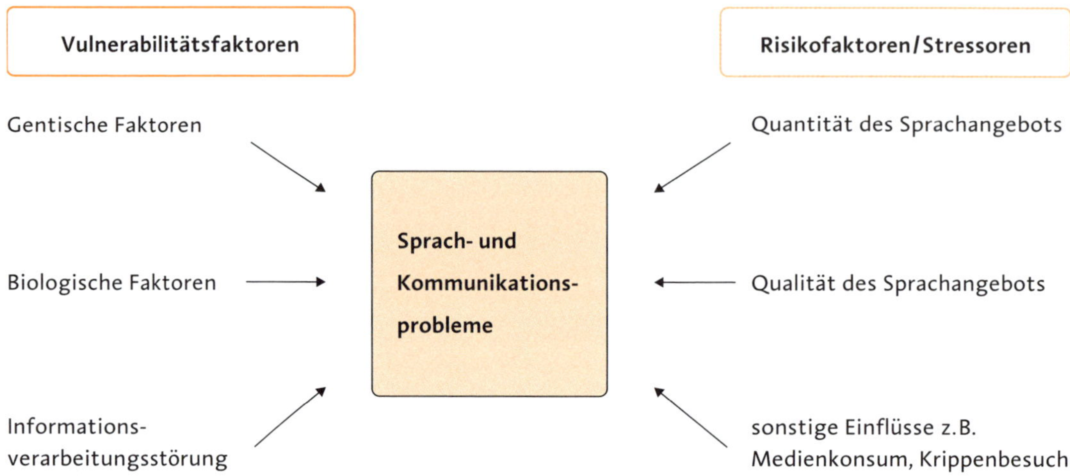

Abb. 1: Ursachenfaktoren für Sprachentwicklungsstörungen (aus: von Suchodoletz 2007)

2.1 Voraussetzungen und Bedingungen des Spracherwerbs

Der Prozess des Spracherwerbs ist eingebettet in die kindliche Gesamtentwicklung. Verschiedene Spracherwerbstheorien versuchen mit und ohne Rückgriff auf andere Entwicklungsbereiche zu erklären, wie es dem Kind gelingt, abstrakte Spracheinheiten und komplexe formale Regularitäten zu erwerben. In Abhängigkeit von der favorisierten Erwerbstheorie ergeben sich andere Annahmen über die Vorläufer bzw. Voraussetzungen und Bedingungen des Spracherwerbs.

Nativismus

Nativistische bzw. generative Spracherwerbstheorien gehen davon aus, dass sich der Spracherwerb als genetisch kodiertes Programm bei minimaler Anregung aus der Umwelt als Reifungsprozess entfaltet. So postuliert Chomsky mit der Language Acquistion Device (LAD) einen Spracherwerbsmechanismus, mit dessen Hilfe das Kind automatisch die Strukturen der jeweiligen Zielsprache entdecken und erlernen kann.

sprachspezifische Vorläufer

Vertreter dieser Theoriefamilie, die auch als Inside-out-Theorie bezeichnet wird, gehen von sprachspezifischen Vorläufern des Spracherwerbs aus. Bestätigende Befunde kommen aus der Säuglingsforschung der 1980er Jahre. So nimmt schon der Fötus die sprachtypischen, rhythmischen Betonungs- und Dehnungsmuster sowie die Höhe der Stimmlage und deren

Verlauf aus der vom Fruchtwasser gefilterten Muttersprache wahr (Mehler et al. 1988). Diese pränatal erworbene prosodisch-phonologische Kompetenz (Kap. 2.2.1) nutzt das Neugeborene in frühen Phasen des Spracherwerbs z. B. für die Unterscheidung von Sprachlauten und anderen Lauten und später für die Ableitung syntaktischen Wissens (Karmiloff-Smith 1992). In diesem Zusammenhang wird auch vom Bootstrapping als sprachspezifischer Mechanismus gesprochen.

Bootstrapping ist ein von Pinker (1984) und Gleitman (1990) entwickeltes Konzept zur Erklärung, wie sich Kinder aufgrund ihres vorhandenen Sprachwissens neues Sprachwissen auf derselben oder auch auf einer anderen Sprachebenen erschließen. Bestimmte sprachliche Informationen stellen demnach Einstiegshilfen (Bootstrap = *engl.* Stiefelschlaufe) dar, die den Erwerb von Sprachstrukturen erleichtern.

Von der Wirkung von Bootstrapping-Mechanismen wird ausgegangen, wenn Informationen aus einem sprachlichen Bereich für den Einstieg in einen anderen genutzt werden. So wird beispielsweise beim syntaktischen Steigbügelhalten die Information über die Wertigkeit des Verbs und die Verbbedeutung aus der Satzstruktur abgeleitet („Tom klust." vs. „Tom klust Tim.").

Behaviorismus

Im Gegensatz dazu betrachten Behavioristen Sprache als erlernte Fähigkeit, deren Erwerb aufgrund allgemeiner Mechanismen wie dem Imitations- oder Verstärkungslernen möglich ist. Es wird davon ausgegangen, dass das Kind Sprache lernt, weil es die Vorbilder in seiner Umgebung nachahmt oder zunehmend die verstärkten Äußerungen produziert (z. B. Lallmonologe wie „mamamama", denen die Mutter Bedeutung zuschreibt).

Kognitivismus

Der Kognitivist Piaget (1982) bezeichnet die sensomotorische Entwicklung als „Schrittmacher" der Sprachentwicklung. Der Erwerb der Symbolisierungsfähigkeit (semiotische Funktion) wird z. B. als kognitive Voraussetzung für den Erwerb der ersten Wörter betrachtet.

kognitiv-konzeptuelle Vorläufer

Vertreter dieser Theoriefamilie, die auch als Outside-in-Theorie bezeichnet wird, betrachten die Intersubjektivität, das Abstraktions- und das Repräsentationsvermögen als wesentliche Voraussetzungen des Erwerbs von Sprache als Kommunikationsmittel und als Zeichensystem.

Intersubjektivität ist die Fähigkeit, sich selbst und andere als eigenständige Personen zu begreifen, zwischen denen ein Austausch der Perspektiven und Gedanken möglich ist.

Abstraktionsvermögen ist als die Fähigkeit definiert, vom Besonderen auf das Allgemeine zu schließen und dadurch Begriffe und Konzepte zu bilden.

Als **Repräsentationsvermögen** wird die Fähigkeit zur mentalen Abbildung bezeichnet.

sozial-kognitive Vorläufer

Eine wichtige sozial-kognitive Voraussetzung für den Erwerb der pragmatischen Sprachkompetenz (Kap. 2.2.3) ist die Fähigkeit zur Perspektivenübernahme (Theory of Mind). Diese wird am Ende des dritten Lebensjahres erworben und ermöglicht dem Kind, sich in andere hineinzuversetzen, die Zuhörerperspektive zu übernehmen und Gefühlslagen zunehmend aufgrund von Gesichtsausdrücken zu identifizieren.

Mit der kognitiven Entwicklung verändert sich die Auffassung des Kindes von seiner dinglichen und sozialen Umwelt. Weitere kognitive Errungenschaften wie die Dezentrierung, die Fähigkeit zum Symbolisieren und Kategorisierungen sind Voraussetzung, v.a. aber Anlass für die weitere Sprach- und Kognitionsentwicklung.

Interaktionismus

Interaktionisten betonen die Bedeutung der Quantität und der Qualität des Sprachinputs. Durch die intuitive Anpassung der elterlichen Sprache an den Spracherwerbsstand des Kindes werden diese in die Sprache eingeführt, der Wortschatz wird erweitert und grammatische Merkmale prägnanter gemacht. Vor allem Bruner (2008) prägte in Anlehnung an Chomskys LAD den Begriff des Spracherwerbsunterstützungssystems (Language Acquisition Support System, LASS). Auf die Forschungsbefunde zur Bedeutung der elterlichen Sprechstile für den kindlichen Spracherwerb wird im Kapitel 3.1 eingegangen.

INFO

Grundkonsens in der Debatte um die Anlage- vs. Umweltbedingtheit des Spracherwerbs

Wenngleich die Frage nach der **Anlage- und Umweltbedingtheit der Sprache** nicht befriedigend beantwortet ist, besteht zwischen den Theoriefamilien ein Grundkonsens in den folgenden drei Punkten:

1. Der Spracherwerb oder das Sprachlernen findet implizit statt.
2. Ein gelungener Spracherwerb ist ohne sprachliche Umwelt nicht möglich.
3. Die inneren Voraussetzungen des Kindes und die äußeren Faktoren müssen im Sinne einer gelungenen Passung zusammenwirken.

Neuere Studien zum Spracherwerb legen nahe, dass für verschiedene Sprachbereiche unterschiedliche Voraussetzungen und Bedingungen relevant sind.
Diese werden bei Kany / Schöler (2010) auch als bereichsbezogene Prozesse bezeichnet. Während der Einstieg in die phonologischen und morphologisch-syntaktischen Regeln vermutlich an sprachspezifische Vorläufer gebunden ist, könnte der Wortschatzerwerb und die Ausbildung eines mentalen Lexikons gut über kognitive Vorläufer erklärt werden.

bereichsbezogene Prozesse

2.2 Sprachkomponenten und -kompetenzen

Der Spracherwerb umfasst sechs verschiedene Komponenten, die jeweils als eigenständige Wissenssysteme zu begreifen sind und eigenen Erwerbs- und Aufbauregeln folgen. Sie lassen sich zwar isoliert beschreiben, werden aber z. T. parallel erworben und sind in der Praxis der Sprachverwendung verschränkt. Im Spracherwerbsprozess stellen Entwicklungsfortschritte in einer Komponente den Einstieg in andere Komponenten dar (Bootstrapping).

Sprachkomponenten

Im Folgenden werden die wesentlichen Meilensteine der prosodischen, der linguistischen und der pragmatischen Kompetenz umrissen, mögliche Erwerbsmechanismen benannt und Grenzsteine zum abweichenden Erwerbsprozess beschrieben.

Markante Errungenschaften und Entwicklungsschritte werden in der modernen Spracherwerbsforschung mit dem Begriff **Meilenstein** belegt.

Grenzsteine markieren Grenzen zum normalen Entwicklungsweg und liefern Eltern und pädagogischen Fachkräften Hinweise auf Abweichungen, die ein genaueres Hinsehen erfordern, damit sie sich nicht zu Störungen ausweiten.

2.2.1 Prosodische Kompetenz

Die **prosodische Kompetenz** umfasst das Verständnis und den korrekten Einsatz von Sprachrhythmus, Tonhöhen und -tiefen und Pausen (= suprasegmentale Komponente). Umgangssprachlich kann die prosodische Kompetenz auch als „Sprachgefühl" bezeichnet werden.

Die Voraussetzungen für das Wahrnehmen und Verstehen prosodischer Merkmale gehören zu unserer genetischen Ausstattung. Anatomische Voraussetzungen für die Sprachschallwahrnehmung sind bereits zwischen der 24. und 27. Schwangerschaftswoche ausgebildet. Schon Föten sind in der Lage, sprachliche und nicht sprachliche Reize zu unterscheiden (Kany / Schöler 2010).

Produktion

Für die Produktion prosodischer Merkmale bildet die Anatomie unseres Vokaltraktes die humanspezifische Basis.

Einstieg in den Spracherwerb

Das Kind lernt, dass Fragen durch einen Anstieg der Tonhöhe am Ende eines Satzes, Aussagen dagegen durch einen Abfall derselben angezeigt werden. Somit ist sie unter anderem ein wichtiger Vorläufer der Pragmatik, mündet aber auch in die Produktion der ersten Wörter und damit den Erwerb der linguistischen Kompetenz.

2.2.2 Erwerb der linguistischen Kompetenz

Die **linguistische oder sprachliche Kompetenz** umfasst die sukzessive Aneignung der Lautorganisationsregeln (Phonologie), der Wortbildungsregeln (Morphologie), der Satzbildungsregeln (Syntax) und den Wortschatzaufbau (Lexikon). Dieser ermöglicht die Erschließung der Satzbedeutung über die Bedeutung einzelner Wörter (Semantik).

Phonetik und Phonologie

Die **Phonetik** befasst sich mit den akustischen Merkmalen von Lauten und ihrer Erzeugung beim Sprechen.

Die **Phonologie** beschäftigt sich mit den Lauten (Phonemen) als den kleinsten bedeutungsunterscheidenden Elementen einer Sprache.

doppelte Entwicklungsaufgabe

Die Entwicklungsaufgabe der Kinder besteht zum einen in der Wahrnehmung der Laute ihrer Muttersprache, ihrer Unterscheidung und ihrer Bildung (phonetische Entwicklung). Zum anderen müssen sie auch deren sprachfunktionelle Bedeutung verstehen und nutzen können (phonologische Entwicklung).

lautsprachliche Entwicklung

Neben den enormen Unterscheidungsleistungen und Präferenzen des Säuglings, die auf seiner prosodischen Kompetenz basieren, gehen wesentliche produktive Meilensteine in den ersten Lebensmonaten auf das Experimentieren des Säuglings mit seiner Stimme zurück. Nach ersten reaktiven Lauten und dem Schreien als einzige Kommunikationsmöglichkeit beginnt der Säugling im 2. bis 6. Lebensmonat, zahlreiche Geräusche zu produzieren (v.a. Gurrlaute). In diese Zeit fallen auch das erste soziale Lächeln und die Nachahmung von Vokalen. Dabei macht sich der Säugling seine Fähigkeit zunutze, über das Auge (Mundbewegung eines Kommunikationspartners bei der Produktion eines Vokals) und das Ohr (lautliche Realisierung des Vokals) wahrnehmbare Reize miteinander in Beziehung zu setzen („Lippenlesen") (Kuhl / Meltzoff 1982).

Lernen am Modell

Durch diese Beobachtungen, deren Imitation und die Produktion von Sprachlauten übt der Säugling die für die Erzeugung bestimmter Laute erforderlichen Sprechbewegungen ein, auch wenn diese Laute zunächst noch nicht mit festen Bedeutungen verbunden sind. Mit zunehmend willentlicher Kontrolle über die für das Sprechen notwendigen Bewegungen tritt der Säugling im 7. bis 10. Lebensmonat in die Phase des kanonischen Lallens ein.

Beim **kanonischen Lallen** handelt es sich um Silbenverdopplungen, die aus einfachen Konsonant-Vokal-Verbindungen bestehen (z.B. „da-da", „ba-ba").

zunehmende Spezialisierung

Mit zunehmendem Lebensalter werden die eigenen Sprachproduktionen mit der Umgebungssprache abgeglichen. In dieser Phase sind die wichtigsten Lautkombinationsregeln der Muttersprache erworben, der Säugling verliert die Fähigkeit, alle Laute dieser Welt voneinander zu unterscheiden.

erste Wörter

Es entwickelt sich ein erstes Wortverständnis. Mit dem Ausbau der phonologischen Struktur und des Wortverständnisses im 11. und 12. Lebensmonat verlängern sich auch die Lallsequenzen – die ersten Wörter werden produziert, deren Inhaltszuschreibung durch die soziale Umwelt erfolgt. Neben der primären Bezugsperson in der Interaktion werden auch zunehmend Objekte in der Umwelt interessant.

geteilte Aufmerksamkeit

Dies ist der Beginn der geteilten Aufmerksamkeit (Joint Attention) in der Eltern-Kind-Interaktion, die sich auf ein Objekt bezieht. Hinweisreize, wie die Zeigegeste oder die Blickrichtung, werden zunächst nur von den Eltern, dann auch vom Kind eingesetzt, um die Aufmerksamkeit des Interaktionspartners zu lenken.

Worteinführung im Dialog

Damit intensivieren sich die Benennspiele, deren Vorläufer bereits im 7. bis 10. Lebensmonat beobachtbar sind. Im 13. bis 17. Lebensmonat versteht das Kleinkind 100 bis 150 Wörter, einfache Sätze und Anweisungen, obwohl es nur 20 bis 30 Wörter, vor allem Nomen, selbst spricht. Somit mündet der Erwerb der phonologisch-phonetischen Entwicklung in die erste Phase des Wortschatzerwerbs.

Besonderheiten der phonologischen Entwicklung

Der Verlauf der phonologischen Entwicklung ist durch eine Vielzahl von normalen Entwicklungsbesonderheiten gekennzeichnet, die als phonologische Prozesse bezeichnet werden. Dazu gehören Silbenstruktur-, Harmonisierungs- und Substitutionsprozesse, die allerdings sukzessive mit zunehmendem Alter überwunden werden sollten (Kap. 2.3.1).

Grenzsteine

In der präverbalen Phase ist die Verzögerung der Lautentwicklung und das Ausbleiben der Lallmonologe ein Hinweis auf abweichende Erwerbsverläufe. Als Grenzstein in der verbalen Artikulationsentwicklung wird das Fehlen von Wörtern mit Labialkonsonanten (z. B. [b] und [p] im Deutschen) unter den ersten 50 Wörtern betrachtet.

Lexikon / Semantik

früher Worterwerb

Die ersten Wörter werden vor allem sozial-pragmatisch eingesetzt oder um ganz spezifische Dinge zu benennen. Das Wort „Auto" wird z. B. nur verwendet, um das rote Familienauto zu bezeichnen; das Wort „Ente" ist für die Plastikente in der Badewanne reserviert, wird aber nicht zur Bezeichnung die lebenden Tiere im Park verwendet.

Allmählich verbindet sich das konkrete Erfahrungswissen des Kindes aus sozialen Situationen mit seinen sprachlichen Kenntnissen: Ein Wort wird zum Stellvertreter für den realen Gegenstand, eine spezifische Tätigkeit oder für Gefühle.

Assoziationslernen

Der Erwerb der ersten Wörter kann durch das Assoziationslernen von Wort und Bedeutung in sozial-interaktiven Kontexten erklärt werden.

Wortschatzspurt

Um den 18. Lebensmonat wird das vergleichsweise langsame Wortlernen vom Wortschatzspurt abgelöst, der durch die schnelle Wort-Bedeutungs-Zuordnung (Fast Mapping) gekennzeichnet ist. Das Kind scheint erkannt zu haben, dass jedes Ding seinen Namen hat und möchte diesen Namen erfahren. Es beginnt nun selbst die – zunächst von den Eltern initiierten – Benennspiele durch den Einsatz der Zeigegeste anzuregen. Charakteristisches Merkmal dieser Phase ist neben dem schnellen Wortschatzwachstum, dass die Wortbedeutung oftmals nicht jener der erwachsenen Sprecher entspricht. Vielmehr fallen Übergeneralisierungen und Überdiskriminierungen auf.

Die **Übergeneralisierung** ist definiert als Verwendung eines Wortes in einer zu breiten Bedeutung.

Das Wort „Hund“ wird für alle Tiere mit vier Beinen, zwei Ohren, einem Schwanz und Fell verwendet, also auch für Schafe, Kühe, aber auch für Bilder solcher Tiere.

Die **Überdiskriminierung** ist dagegen definiert als Verwendung eines Wortes in einer zu engen Bedeutung.

Das Wort „Vogel“ wird nur für den prototypischen Vertreter „Rotkehlchen“ oder „Spatz“ verwendet. Weder die Ente und noch viel weniger der Pinguin, die ebenfalls zur Kategorie der Vögel gehören, werden als solche bezeichnet.

korrektive Rückmeldung

Zum einen erwerben Kinder die konventionelle Wortbedeutung vermutlich über korrektive Rückmeldungen aus ihrer sozialen Umwelt.

kognitive Vorläufer

Zum anderen ist der Wortschatzerwerb aber auch an die allgemeinen kognitiven Fähigkeiten des Kategorisierens und des Symbolisierens sowie die spezifisch sprachrelevanten Fähigkeiten der phonologischen Wahrnehmung und des phonologischen Gedächtnisses gebunden.

Regression der Aussprache

In dieser Phase des Wortschatzerwerbs (24 bis 36 Monate) kann es durch die zunehmende Beachtung grammatischer Prinzipien der Wortbildung (Morphologie) vorübergehend zu einer Regression der Aussprache kommen wie z. B. zu Silbenwiederholungen („Baba“ statt „Baby“), Auslassungen unbetonter Endungen („Aff“ statt „Affe“) oder Vereinfachungen von Konsonantenverbindungen („Bunnen“ statt „Brunnen“; Grimm 2003).

Diese vorübergehende Regression der Aussprache ist kein Indikator für eine Sprachentwicklungsstörung, sondern ein Fortschritt in dem Sinne, dass Wörter nicht länger als isolierte Einheiten produziert werden.

Differenzierung des Wortschatzes

Mit der zunehmenden Wortschatzgröße nimmt dessen inhaltliche Differenzierung zu: So nimmt ab einer Wortschatzgröße von 200 Wörtern der Anteil an Verben im Gesamtwortschatz zu (Grimm 2000), Adjektive und Funktionswörter kommen hinzu.

individuelle Differenzen

Diese Erwerbsfolge zeigen ca. 70 % der Kinder, die als nominale Wortlerner bezeichnet werden. Die übrigen ca. 30 % sind expressive Wortlerner mit allmählich ansteigenden Lernkurven ohne klare Spurt-Intervalle. Im Gegensatz zu den nominalen Wortlernern speichern sie von Beginn an ganze Sprachäußerungen. Dadurch ist ihr Lexikon stärker differenziert, wächst aber auch langsamer an. Expressive Wortlerner sprechen später, dann jedoch gleich in ganzen Sätzen (Goldfield / Reznick 1990).

Beide Strategien sind Teil der normalen Varianz im Spracherwerbsprozess.

Grenzsteine des Wortschatzerwerbs

Im Alter von 18 Monaten ist ein früher Grenzstein das Ausbleiben der Produktion des ersten Wortes. Die weitere Entwicklung ist in diesem Fall aufmerksam zu beobachten. Das Nichterreichen der 50-Wort-Marke ist im Alter von 24 Monaten indikativ für einen abweichenden Spracherwerbsprozess; im Alter von 36 Monaten werden das langsame Wortschatzwachstum (produktiver Wortschatz unter 100 Wörtern), die einseitige Wortschatzzusammensetzung und Wortfindungsstörungen als Grenzsteine betrachtet.

Morphologie und Syntax

Entdeckung des syntaktischen Prinzips

Der Wortschatzspurt ist gleichzeitig auch die zentrale Voraussetzung für den ersten Meilenstein der Grammatikentwicklung. Dabei handelt es sich um die Entdeckung der Regeln, die mögliche Kombinationen von Wörtern zu Satzgliedern und Sätzen festlegen.

Erwerb des Flexionssystems

Etwa im dritten Lebensjahr beginnt das Kind zu erkennen, dass Wörter keine unveränderbaren Ganzheiten sind, sondern eine interne Struktur besitzen, die in Abhängigkeit von ihrer Rolle im Satz (= syntaktische Funktion) regelhaft variiert (z. B. Konjugationen, Deklinationen). Die Regeln, die diesen syntaktisch bedingten Veränderungen in der Wortstruktur zugrunde liegen, machen die Flexionsmorphologie einer Sprache aus. Parallel zum Erwerb morphologischer Regelmäßigkeiten erlernt das Kind variable Wortordnungen. Wie für die Entwicklung der rezeptiven und expressiven Phonologie und des Lexikons gilt auch für die Morphologie und Syntax, dass ihr Erwerb schrittweise vor sich geht (Weissenborn 2000).

5 Phasen der Grammatikentwicklung

Nach Clahsen (1986) werden fünf Phasen der grammatischen Entwicklung unterschieden.

Vorläufer der Syntax

In der *Phase I*, die im Alter von 12 und 18 Monaten erreicht wird, steht das lautierte Wort oder Protowort für einen ganzen Satz. Dieser ist durch die gewählte Intonationskontur als Bitte, Aufforderung, Frage oder Aussage interpretierbar.

Erwerb des syntaktischen Prinzips

Phase II beginnt im Alter von ca. 18 bis 24 Monaten. Zweiwortsätze dominieren, um semantischen Relationen Ausdruck zu verleihen.

Voraussetzung für Phase II ist ein aktiver Wortschatz von ca. 50 Wörtern.

Drei Merkmale sind typisch für die sprachlichen Äußerungen dieser Phase:

- **Telegrafische Sprache:** Die Wortkombinationen sind an ihrer Bedeutung orientiert; inhaltlich wenig relevante Satzelemente werden systematisch ausgelassen. Daher werden die Zweiwortsätze auch als telegraphisch bezeichnet.

- **Kontextabhängigkeit:** Da die grammatischen Markierungen der Rollen und Relationen noch fehlen, sind die Äußerungen nicht ohne den situativen Kontext verstehbar. Das unmittelbare Interesse des Kindes und seine kognitiven Fähigkeiten bestimmen, welchen verschiedenen Bedeutungsrelationen sprachlich Ausdruck verliehen wird (z.B. Handelnder – Handlung wie „Papa schlafen"; Besitzer – Besitz wie „Papa Hut"; Handlung – Objekt wie „Tür zu"; Objekt – Lokation wie „Da ein Schönes"; Wiederauftreten – Handlung wie „mehr habe", Grimm, 2003).

- **Formalsprachliche Regeln:** Wenngleich es sich lediglich um Zwei-Wort-Äußerungen handelt, werden Wortordnungsregeln bereits beachtet. Unflektierte Verben stehen zunächst am Satzende, sobald die ersten morphologischen Regelmäßigkeiten erworben sind, wird das Verb an die zweite Position bewegt.

Vorläufer der einzelsprachlichen Grammatik

Ab einem Alter von ca. 24 bis 30 Monaten tritt das Kind in *Phase III* ein, in der Mehrwortäußerungen mit verschiedenen Wortarten wie Verben, Substantiven, Adjektiven, Präpositionen und Konjunktionen dominieren. Bedeutungsrelationen können nun grammatisch gekennzeichnet werden, verbale Elemente werden zusammengesetzt und Vergangenheit und Zukunft können sprachlich markiert werden.

- Markierung des Besitzes über das angehängte -s (wie in „Mamas Tasse")

- Zusammensetzung verbaler Elemente wie bei der Verwendung von Modalverben („Ich will auch trinken.") oder Hilfsverben („Ich hab ihn wegmacht.")

- Bildung des Partizip Perfekts mit „ge-" und des Futurs mit „werden"

Überregularisierung

In dieser Phase kommt es fälschlicherweise zu Übertragungen bereits erworbener grammatischer Regeln und damit zu systematischen Fehlern bei der Markierung des Plurals (wie „Männers" statt „Männer" oder in der

Verwendung der Vergangenheitsform wie „geseht“ statt „gesehen“). Solche Fehler, die in der Kindersprache häufig auftreten und auch als Übergangsgrammatiken bezeichnet werden, gelten als Königsweg, um die ablaufenden Prozesse mit ihren qualitativ unterschiedlichen Wissensrepräsentationen nachvollziehen zu können.

zwei Arten von Fehlern

Dabei ist es wichtig, zwischen zwei Arten von Fehlern zu unterscheiden:

1 Fehler, die gemacht werden, weil das Kind die grammatische Regel noch nicht erworben hat oder

2 Fehler, die daraus resultieren, dass das Kind einer grammatischen Regel folgt, die aber in diesem Fall nicht gilt, da die Zielsprache hier eine weitere Regel oder eine Ausnahme davon vorsieht (Bowerman 1982).

Erwerb einzelsprachlicher syntaktischer Besonderheiten

In der *Phase IV*, die etwa mit 36 Monaten erreicht wird, ist die Konjugation von Verben im Präsens und Perfekt komplett erworben, ebenso wie die Verbstellungsregeln (Zweitstellung des finiten Verbs, Stellung des infiniten Verbs am Satzende, Trennung von Präfixverben). Semantisch zusammengehörige Satzteile werden nun zugunsten von syntaktischen Regeln im Satz getrennt. Das Kind beherrscht die Subjekt-Verb-Kongruenz.

komplexe Sätze

Im Alter von ca. 42 Monaten tritt das Kind in *Phase V* ein, in der es Haupt- und Nebensatzkonstruktionen zumeist mit „weil“ und „wegen“ formt. Das Kasussystem wird vervollständigt, wobei es vorübergehend noch zu Übergeneralisierungen der Dativ- und Akkusativmarkierungen kommen kann (z. B. „Gibt ih*n* den Stift.“).

Reorganisation sprachlichen Wissens

Die dramatischen Veränderungen des sprachlichen Regelwissens vollziehen sich erstaunlich schnell: Mit ca. zweieinhalb Jahren können erste Zwei- oder Mehrwortsätze produziert werden, nur eineinhalb Jahre später beherrscht das nunmehr vierjährige Kind die wesentlichen Satzkonstruktionen seiner Muttersprache. Es wird davon ausgegangen, dass die Regelübernahme aus dem Sprachinput durch immer wiederkehrende Reorganisationsprozesse des sprachlichen Wissens gesteuert wird (Karmiloff-Smith 1992).

Grenzsteine der Grammatikentwicklung

Als Grenzstein der Grammatikentwicklung wird das Überdauern von Übergangsgrammatiken und damit typischen Fehler bei der Subjekt-Verb-Kongruenz, bei der Flexion, im Artikelgebrauch (Syntax) sowie in Markierung von Genus, Numerus und Kasus (Morphologie) über das Alter von fünf Jahren hinaus betrachtet. Qualitative Abweichungen der Grammatikentwicklung, insbesondere Verletzungen der Wortordnung, sind ein Frühindikator der spezifischen Sprachentwicklungsstörung.

2.2.3 Erwerb der pragmatischen Kompetenz

Die **pragmatische Kompetenz** umfasst die gesamte Anwendung der sprachlichen und nicht sprachlichen Kenntnisse (Mimik und Gestik).

soziale Voraussetzungen

Die erworbenen Fähigkeiten, wie der Sprecherwechsel (Turn Taking), die Initiierung des Dialogs über einen gemeinsamen Gesprächsgegenstand (Joint Attention), seine Aufrechterhaltung, Kohärenz und deren Beendigung entstehen aus der Interaktion des Kindes mit seiner sozialen Umwelt.

Turn Taking

Während im Alter von 4 bis 20 Wochen das Hören der mütterlichen Stimme eher Stimulation zur gleichzeitigen Vokalisation für den Säugling bedeutet, kommt im Alter bis 6 Monate gleichzeitiges und abwechselndes Vokalisieren etwa gleich häufig vor. Ab 7 Monaten fallen die Lautproduktionen des Kindes zunehmend in die Sprechpausen der Mutter. Im gemeinsamen Spiel, beim Betrachten von Bilderbüchern oder in Wickel- und Essenssituationen entwickeln sich erste vokale Wechselspiele.

intentionale nonverbale Kommunikation

Im 8. bis 10. Lebensmonat beginnt die intentionale Kommunikation des Kindes über Gesten und Blicke. Damit zeigt es zunächst an, dass es ein Objekt haben möchte (= Protoimperative). Wenig später werden die Zeigegeste und der Blick ebenfalls eingesetzt, um den Interaktionspartner auf ein interessantes Objekt in der Umgebung aufmerksam zu machen (= Protodeklarative). Etwa ab dem 11. Lebensmonat setzt das Kind die Zeigegeste systematischer ein: Das Kind zeigt, die Mutter benennt. Diese Benennspiele sind zentral für die Worteinführung im Dialog und somit die Wortschatzerweiterung.

intentionale sprachliche Kommunikation

Zwischen dem 16. und 22. Lebensmonat beginnt mit zunehmendem Wortschatzwachstum die intentionale sprachliche Kommunikation. Das Erreichen der 50-Wort-Grenze im produktiven Wortschatz ist auch im Bereich der Pragmatik ein Meilenstein: Nicht lexikalische Vokalisationen (Lallen) und unspezifische Wörter (wie „da“) werden nun durch spezifische Bezeichnungen in Aufforderungssituationen ersetzt.

erweiterte sprachliche Handlungsmöglichkeiten

Ab dem 24. Lebensmonat nimmt die Länge der Äußerungseinheiten entscheidend zu. Gleichzeitig ist eine sprunghafte Erweiterung der sprachlichen Handlungsmöglichkeiten zu verzeichnen: Bitten um abwesende Objekte, Handlungsanweisungen, Vorschlagen, Planen und Symbolspiel (El Morghabel / Deutsch 2007). Im Alter von 30 Monaten können Kinder bereits bis zu 20 zusammenhängende Äußerungen produzieren. Sie verfügen über die Konversationsregel des abwechselnden Sprechens und Zuhörens, gezieltes Ansprechen von Personen, z. B. mit deren Eigennamen, weist auf den Erwerb der pragmatischen Kategorie „Gespräch“ hin.

Lösung vom Hier und Jetzt

Wesentliche Fortschritte in der kommunikativ-pragmatischen Entwicklung ab ca. 4 Jahren beruhen auf der Loslösung und Unabhängigkeit der Kommunikation von der gegenwärtigen Situation und Handlung. Eine wichtige Voraussetzung hierfür ist die Fähigkeit zur Perspektivübernahme (= Theory of Mind, ToM).

Geschichten erzählen

Das Kind beginnt, von seinen Erlebnissen zu berichten und Geschichten zu erzählen. Der Erwerb von Textkompetenzen, wie die thematische Entfaltung, die Herstellung referenzieller Bezüge, zeitliche und kausale Beziehungen auf Textebene, vollzieht sich über die gesamte Vorschul- und Schulzeit. Schemata für Geschichten sind allerdings bereits im Vorschulalter soweit ausgebaut, dass sinngemäße Nacherzählungen möglich sind.

Qualität der Entwicklungsbedingungen

Entscheidend für den Erwerb der Erzählkompetenz sind ausreichende sprachliche Anregungen bereits im Elternhaus. Dazu gehört das Vorhandensein von Büchern und Zeitschriften, Lektüregewohnheiten, das Vorlesen und gemeinsame Bilderbuchlesen sowie das Erzählen von Geschichten und Witzen.

Wissen über Sprache

Im Alter von 4 bis 6 Jahren werden metasprachliche und metakommunikative Fähigkeiten erworben. Neben den frühen Erfahrungen mit Schrift (= Early Literacy, Nickel 2005a, 2007) ist das Wissen über sprachliche Einheiten und die Lautstruktur der Sprache (= phonologische Bewusstheit) ein wichtiger Vorläufer des Erwerbs der Kulturfertigkeiten Lesen und Schreiben. Metasprachliches Wissen wird als abhängig vom Anregungsgehalt der Umwelt und vom allgemeinen kognitiven Entwicklungstand betrachtet.

Grenzsteine der pragmatischen Entwicklung

Wenn Kinder im Alter von drei Jahren noch keine Fragen formulieren, markiert dies den Übergang zur auffälligen Entwicklung. Ansonsten sind Grenzsteine kaum aufzustellen, da pragmatische Auffälligkeiten in der Regel auf kognitive oder sozial-emotionale Schwierigkeiten zurückführbar sind.

2.3 Auffälligkeiten im Spracherwerb

Sprachauffälligkeiten treten sehr variantenreich in Erscheinung, wobei in den seltensten Fällen nur einzelne Komponenten der Sprache betroffen sind, sondern vielfach sogar auch andere Entwicklungsbereiche. Hinweise auf eine abweichende Entwicklung wurden in Form der Grenzsteine in Kapitel 2.2 benannt. Im Folgenden werden einige für die Frühpädagogik relevanten sprachlichen Auffälligkeiten thematisiert und vor allem Spracherwerbsstörungen und mangelnde Sprachbeherrschung vertiefter betrachtet.

sekundäre Störungen des Spracherwerbs

Sekundäre Auffälligkeiten im Spracherwerb treten infolge von allgemeinen Entwicklungsstörungen auf. Dazu zählen sprachspezifische Stärken-Schwächen-Profile bei genetischen Syndromen (Down-Syndrom, Williams-Beuren-Syndrom), tiefgreifenden Entwicklungsstörungen (z. B. des Autismusspektrums), qualitativ und quantitativ abweichende Erwerbsmuster der Sprache bei Sinnesbeeinträchtigungen oder Sprachstörungen infolge von neurologischen Schädigungen (Hirnverletzungen, Epilepsie) oder von Geburtstraumata (frühgeborene Kinder). Die Prävalenz der Primärbeeinträchtigungen liegt bei 3 %. Angaben zum Anteil der Kinder mit Spracherwerbsstörungen schwanken in Abhängigkeit von der zugrunde liegenden Ursache und der Schwere der kognitiven Beeinträchtigung. Vor dem Hintergrund der Forderung einer inklusiven Betreuung, Erziehung und Bildung von Kindern mit Behinderungen in Kindertageseinrichtungen, muss sich die Frühpädagogik mit der Frage der Sprach- und Kommunikationsförderung dieser Kinder auseinandersetzen.

Stimmstörungen

Störungen der Stimme (Dysphonien) treten im Kindesalter mit einer Prävalenz zwischen 6 bis 23 % auf (Keilmann 2007). Das Hauptsymptom kindlicher Stimmstörungen ist die Heiserkeit, deren Ursache in einer mangelnden Feinabstimmung des Zusammenspiels der Stimmlippen gesehen wird. Dies geht mit erhöhter Sprechanstrengung, dem Zwang zu Räuspern, Hüsteln sowie Atemstörungen einher. Langfristig sind ein Verlust der Kontrolle über die Sprechstimmlage und Schluckbeschwerden möglich. Soziale Konsequenzen kindlicher Stimmstörungen sind die Beeinträchtigung der sprachlichen Kommunikationsfähigkeit, negative Reaktionen der Sprachumwelt und infolgedessen die Ausbildung von Sprechängsten.

Redeflussstörungen

Stottern und Poltern zählen zu den bekanntesten Störungen des Redeflusses, die mit einer Gesamtprävalenz von 0,4 % beziffert werden. Jungen sind häufiger betroffen als Mädchen, die Ursachen sind vielfältig und reichen von neurolinguistischen über neurologische bis hin zu psychischen Ursachen. Poltern ist eine sehr seltene Redeflussstörung, die Zahl der Kinder, bei denen sie sich verfestigt, ist gering. Relevanter für den frühpädagogischen Bereich ist das Stottern. Hier besteht die diagnostische Herausforderung darin, Kinder mit manifestem Stottern von denen mit Entwicklungsstottern abzugrenzen. Fast alle Kinder im Alter von 2;6 bis 3 Jahren zeigen eine Phase mehr oder weniger ausgeprägter Unflüssigkeiten mit Einschüben, Wiederholungen, Dehnungen und Pausen im Satz (Hansen / Iven 2007). Sie sind Ausdruck der Anpassung der Sprechflüssigkeitskompetenzen an die steigenden sprachlichen und kommunikativen Anforderungen (Kap. 2.2). Als Anzeichen für beginnendes Stottern werden Begleitsymptome wie z. B. Mitbewegungen, ausgeprägte Wiederholungen von Wortteilen, Dehnungen von mehr als einer Sekunde betrachtet.

2.3.1 Spracherwerbsstörungen

Klassifikationen

Spracherwerbsstörungen sind umfassende, verschiedene Teilsymptome beinhaltende Störungen. In der Vergangenheit wurden diese häufig nach ihrem Leitsymptom bezeichnet (z. B. *kindlicher Dysgrammatismus*, bei stärkster Betroffenheit der Sprachkomponenten Morphologie und Syntax). Heute werden Spracherwerbsstörungen nach ICD-10 (Dilling et al. 2011) als *Umschriebene Entwicklungsstörungen des Sprechens und der Sprache* zusammengefasst und in die Gruppen *Artikulationsstörungen* und *Expressive und/oder Rezeptive Sprachstörungen* unterteilt.

Probleme

Diese Kategorisierung ist problematisch, weil Aussprachestörungen häufig ein Symptom neben anderen bei der Spezifischen Spracherwerbsstörung (SSES) sind. Störungen des Sprachverständnisses (rezeptive Sprachstörungen) gehen immer auch mit Störungen der Sprachproduktion einher. Auch die Annahme der Umschriebenheit der Erwerbsstörungen ist umstritten, weil diese immer auch mit sprachspezifischen Lern- und kognitiven Repräsentationsproblemen verbunden sind (Kany / Schöler 2010).

Artikulationsstörungen

Unter dem Oberbegriff Artikulationsstörungen werden phonetische und phonologische Auffälligkeiten gefasst. Wenngleich kindliche Aussprachestörungen lange Zeit ausschließlich als phonetische Störungen betrachtet wurden, sind Lautfehlbildungen und der falsche Einsatz von Lauten sorgfältig voneinander abzugrenzen (Kany / Schöler 2010).

phonetische Störungen

Kann ein Kind einen oder mehrere Laute nicht korrekt bilden, lässt es Laute aus oder ersetzt sie durch andere (z. B. „tomm" statt komm) wird dies als *Dyslalie* (wörtliche Übersetzung: Stammeln) bezeichnet.

Lautfehlbildungen werden nach Buchstaben des griechischen Alphabets bezeichnet: z. B. Fehlbildungen des Lautes [s] als Sigmatismus, des Lautes [r] als Rhotazismus und des Lautes [g] als Gammazismus.

In Abhängigkeit von der Zahl der Fehlbildungen werden partielle Dyslalien (ein Laut oder eine Lautgruppe ist betroffen), multiple Dyslalien (mehrere Laute oder Lautgruppen sind betroffen) und universelle Dyslalien (die Mehrzahl der Laute ist betroffen) unterschieden.

Artikulationsauffälligkeiten sind bei nahezu allen Kindern zu beobachten und gehören bis zum vierten Lebensjahr zur normalen Entwicklung (vgl. Tabelle 1). Bei einem Andauern darüber hinaus ist allerdings eine logopädische Beratung angezeigt, die zumeist schnell zum Erfolg führt, insbesondere bei [s]-Lautersetzungen.

phonologische Störungen

Bei der phonologischen Störung fehlt den Kindern das Wissen über die sprachsystematische Funktion von Lauten. Die Laute können isoliert problemlos gebildet werden, werden aber falsch eingesetzt. Dabei handelt es sich z. B. um Lautersetzungen, Laut- und Silbenauslassungen und Assimilationsprozesse (Harmonisierung).

Tab. 1: Beispiele für phonologische Prozesse und ungefährer Zeitpunkt ihres Verschwindens (modifiziert nach Kany / Schöler 2010)

Phonologische Prozesse	Beispiele	Zeitpunkt des Verschwindens
Lautersetzungen		
Vorverlagerungen	[k] und [t]: Kamm → Tam	< 3;0 Jahre
	bei Sibilanten: ich → is	< 4;5 Jahre
Verschluss statt Reibelaut	Wippe → Bippe	< 3;0 Jahre
Ersetzung durch h	rot → hot	< 2;5 Jahre
Auslassung des ersten Lautes	Pfanne → Fanne	< 3;0 Jahre
Laut- / Silbenauslassungen		
Tilgung von Endkonsonanten	Dach → Da	< 2;5 Jahre
Tilgung initialer Konsonanten	Blatt → Batt	< 3;11 Jahre
Auslassung unbetonter Silben	kaputt → putt	< 3;6 Jahre
Vereinfachung von Mehrsilbern	Schokolade → Lade	< 3;6 Jahre
Assimilationsprozesse (Harmonisierungen)		
Verdopplungen	Ball → Baba	< 2;5 Jahre
Anpassungen	Zunge → Kunge	< 4;0 Jahre
Stimmgebung	Kamm → Kam	< 2;5 Jahre

Bei einem gestörten phonologischen Erwerb sind diese Vereinfachungen stärker ausgeprägt und verschwinden nicht im Laufe der Kindergartenzeit. Weitere Kennzeichen einer phonologischen Aussprachestörung sind das gleichzeitige Vorliegen verschiedener Prozesse, übermäßig häufig Assimilationen und besondere Lautpräferenzen (z. B. Ersetzung der initialen Doppelkonsonanz durch [v] in über 50 % der Fälle, wie von Hacker / Wilgermein (2001, 33) für einen Jungen im Alter von 5;9 Jahren beschrieben).

Primäre Störungen des Spracherwerbs

Als primär oder umschrieben werden Spracherwerbsstörungen bezeichnet, wenn sie nicht auf neurologische Störungen, Störungen des Sprechablaufs, sensorische Beeinträchtigungen, Intelligenzminderungen oder Umweltfaktoren zurückgeführt werden.

genetische Faktoren

Durch Zwillingsstudien wurden am überzeugendsten genetische Verursachungsfaktoren belegt: Während im normalen Spracherwerbsprozess nur 25 % der Varianz in der Wortschatzentwicklung und 39 % der Varianz in den grammatischen Fähigkeiten genetisch bedingt ist, liegt der erbliche Anteil bei Kindern mit einer SSES bei 73 % (Ergebnisse der TED-Studie zitiert in Suchdoletz 2007).

Störung der Informationsverarbeitung

Weiterhin konnte übereinstimmend nachgewiesen werden, dass die sprachspezifische Informationsverarbeitung, vor allem das auditive Arbeitsgedächtnis, bei Kindern mit SSES beeinträchtigt ist (Gathercole / Baddeley 1990; Grimm 2003; Nußbeck 2007).

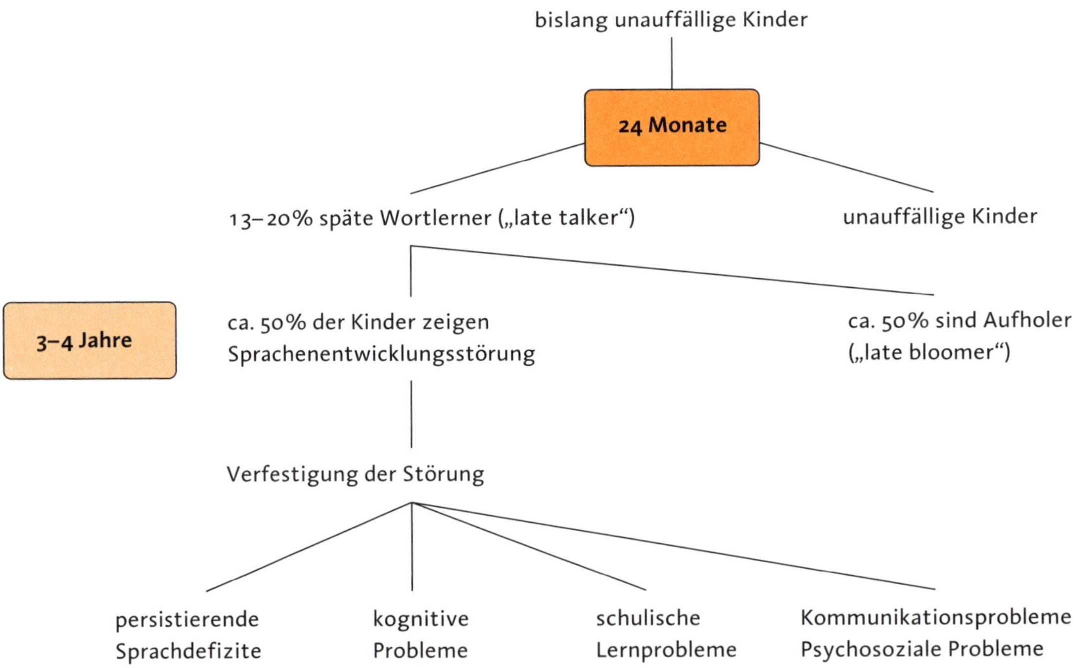

Abb. 2: Entwicklungsverlauf von Späten Sprechern bis zum Schulalter (nach Grimm 2003)

Störungsverlauf

Die normalen Spracherwerbsmuster sind von frühen Entwicklungsstufen an beeinträchtigt (Dannenbauer 2003), während die Kinder in den Bereichen Bewegung (Motorik), Wahrnehmung (Sensorik), Kognition und Verhalten zunächst noch altersentsprechend entwickelt sind.

Late Talker

Kinder mit einer späteren SSES fallen frühestens im Alter von 24 Monaten auf, weil sie die Sprache stark verspätet erwerben. Daher werden sie auch als Späte Sprecher (Late Talker) bezeichnet. Etwa 13 bis 20 % haben in diesem Alter einen produktiven Wortschatz von weniger als 50 Wörtern bzw. produzieren noch keine Mehrwortäußerungen.

Late Bloomer

Allerdings holt etwa die Hälfte dieser Kinder den Rückstand in der Sprachentwicklung auf – die Spätzünder (Late Bloomer). Sie zeigen ab dem Alter von 36 Monaten zwar einen Spracherwerbsprozess im Normalbereich, doch der Anschluss an die normale Entwicklung erfolgt oft auf niedrigem Niveau und Schwierigkeiten, wie z. B. im Schriftspracherwerb, können erneut auftreten (Kannengieser 2009).

persistierende Probleme

Bei der anderen Hälfte der Kinder, nach konservativen Schätzungen ca. 6 bis 10 % eines Jahrgangs, setzt sich der verlangsamte Spracherwerbsprozess mit möglicher Plateaubildung fort (vgl. Abbildung 2).

Im Entwicklungsverlauf wird der zunächst vor allem quantitative Sprachrückstand zunehmend von qualitativen Problemen, insbesondere im Bereich der Morphologie und Syntax (unflektierte Formen und Auslassungen, inkorrekte Wortordnungen) begleitet. Im Vergleich zu den formal-grammatischen Fähigkeiten werden die pragmatischen Kompetenzen als relative Stärke von Kindern mit SSES beschrieben. Allerdings hat etwa ein Drittel aller Kinder, bei denen im Vorschulalter eine SSES diagnostiziert wurde und die mittlerweile formal-sprachlich nicht mehr auffällig sind, speziell im pragmatischen Bereich nach wie vor Schwierigkeiten (Conti-Ramsden et al. 2001).

2.3.2 Mangelnde Sprachbeherrschung

Frühpädagogen sind aktuellen Zahlen zufolge am häufigsten mit dem Phänomen der mangelnden Sprachbeherrschung konfrontiert: Die Angaben zur Prävalenz schwanken zwischen 15 bis 50 %. Diese Gruppe der Kinder setzt sich vor allem aus Kindern mit Migrationshintergrund und Kindern, die unter sozial benachteiligenden Bedingungen aufwachsen, zusammen.

geringere formal-sprachliche Kompetenz

Die mangelnde Sprachbeherrschung äußert sich vor allem in einer geringeren formal-sprachlichen Kompetenz. Chilla et al. (2013) verweisen in diesem Zusammenhang auf eine kritische Phase, in der mehrsprachig aufwachsende Kinder die wesentlichen Schritte des Erwerbs der Satzstruktur und der Verbflexion vollziehen. Beginnt der Zweitspracherwerbs innerhalb dieses Zeitfensters zu spät, kann es zu abweichenden morphologisch-syntaktischen Strukturen kommen.

sprachliche Besonderheiten

Neben der mangelnden Sprachbeherrschung zeigen Kinder mit Migrationshintergrund typische Charakteristika im Sprachgebrauch (Chilla et al. 2013), die keinesfalls im Sinne einer Sprachstörung fehlinterpretiert werden dürfen, sondern vielmehr Ausdruck des kreativen Umgangs mit Sprache sind. Dazu zählen das Code-Switching, das Code-Mixing oder Borrowing und der Transfer.

Mit **Code-Switching** wird der fließende Wechsel zwischen den Sprachen innerhalb eines Gespräches, Satzes oder eines Wortes bezeichnet.

Code-Mixing oder Borrowing ist eine Spezialform des Code-Switchings. Wörter aus der einen Sprache werden in den Satz eingebaut, die in der anderen Sprache nicht genauso ausgedrückt werden können.

Beim **Transfer** werden Übertragungen von der Erst- in die Zweitsprache oder umgekehrt vorgenommen, wodurch es zu Interferenzen kommen kann. Dadurch entstehende Fehler in der einen Sprache können durch sprachliche Regeln der anderen Sprache erklärt werden (z.B. „I go not in the Church" als Transfer der Negationswortstellung im Deutschen).

Risikofaktor Sozialstatus

Der bedeutsamste Risikofaktor scheint aber nicht der Migrationshintergrund zu sein, sondern der Sozialstatus. Dafür spricht, dass Kinder, die unter anregungsarmen Entwicklungsbedingungen aufwachsen, vergleichbare Defizite der Sprachbeherrschung zeigen. In Deutschland sind Auswirkungen des Migrationshintergrunds häufig mit denen sozialer Benachteiligung überlagert: Familien mit Migrationshintergrund sind in Deutschland etwa doppelt so häufig armutsgefährdet (19 % aller Familien mit Migrationshintergrund und Kindern unter 18 Jahren) wie Familien ohne Migrationshintergrund (BMFSFJ 2010).

qualitativ verändertes Sprachangebot

Auf der Ebene der Eltern-Kind-Interaktion führt soziale Benachteiligung nicht selten zu einem qualitativ veränderten Sprachangebot, das durch eine geringere Äußerungslänge und einen vergleichsweise kleinen Wortschatz gekennzeichnet ist (Hart/Risley 1995; Hoff 2003). Die Kinder zeigen infolgedessen ein verlangsamtes Wortschatzwachstum, das wiederum zu einer verspäteten Ausdifferenzierung des Wortschatzes sowie defizitären morphologisch-syntaktischen Strukturen führt.

Auffälligkeiten im Zweitspracherwerb treten bei Kindern mit Migrationshintergrund ähnlich häufig auf wie im Erstspracherwerbsprozess. Gerade nach kurzem Kontakt mit der Zweitsprache und / oder bei unzureichendem sprachlichem Input ist die diagnostische Abgrenzung der mangelnden Sprachbeherrschung von dem Vorliegen einer SSES bei mehrsprachigen Kindern erschwert, da systematische Untersuchungen im Kontext mehrsprachiger Entwicklung, v. a. aber zu grammatikalischen Kompetenzen in der Erstsprache noch fehlen (Rothweiler 2007; Chilla et al. 2013).

Probleme der Diagnostik

1 Welche Theorien zur Erklärung des Spracherwerbsprozesses werden unterschieden?

2 Welches sind die wesentlichen Meilen- und Grenzsteine a) des Erwerbs von Phonetik und Phonologie, b) des Wortschatzerwerbs, c) des Grammatikerwerbs?

3 Inwiefern stellen Entwicklungsfortschritte in einer Sprachkomponente Bedingungen und Voraussetzungen für Entwicklungsfortschritte in anderen Sprachkomponenten dar?

4 Welche Auffälligkeiten im Spracherwerb werden unterschieden?

5 Was sind Ursachen von Auffälligkeiten im Spracherwerb?

Weitere Literatur- und Websiteempfehlungen:

Grimm, H. (2000): Enzyklopädie der Psychologie, C III, Bd. 3: Sprachentwicklung. Hogrefe, Göttingen

Grimm, H. (2003): Störungen der Sprachentwicklung. Hogrefe, Göttingen

Jungmann T. (2012): Praxis der Sprach- und Kommunikationsförderung. Borgmann Verlag, Dortmund

Kannengieser, S. (2009): Sprachentwicklungsstörungen. Grundlagen, Diagnostik, Therapie. Elsevier, Stuttgart

Nußbeck, S. (2007): Sprache: Entwicklung, Störungen und Intervention. Stuttgart: Kohlhammer.

Schöler H./Welling A. (2007). Handbuch der Sonderpädagogik, Bd. 1: Sonderpädagogik der Sprache. Hogrefe, Göttingen

http://sprachheilwiki.dgs-ev.de/wiki/doku.php (01.07.2013)

3 Soziale Voraussetzungen des Spracherwerbs

Das Gelingen des Spracherwerbs ist abhängig von der kommunikativen Interaktion und der Qualität des sprachlichen Inputs. Aus dem Input, den Kinder von Geburt an in der Interaktion mit kompetenten Erwachsenen und mit ihren Peers erhalten, konstruieren sie selbsttätig ihre innere sprachliche Welt. Die Aufgabe der sprachkompetenten Interaktionspartner ist es, den Kindern durch Beziehung und Bindung die Basis zur Verfügung zu stellen, die sie für die Aneignung der sprachlich durchdrungenen Welt benötigen, und ihnen Impulse zu geben, um andere, neue Perspektiven kennenzulernen. Dies ist zum einen mit der Verantwortung verbunden, die sprachliche Umwelt des Kindes lernförderlich zu gestalten, zum anderen sollte die Erwachsenen-Kind-Interaktion ebenso wie die Peerinteraktion die Spracherwerbsprozesse der Kinder bestmöglich unterstützen.

Eltern und pädagogische Fachkräfte sind zugleich wichtige Bezugspersonen und kompetente Kommunikationspartner der Kinder.

Bindung und Beziehung

Grundlage einer gelungenen Kommunikation ist der Aufbau einer sicheren Eltern-Kind-Bindung in der Familie bzw. die Fähigkeit der pädagogischen Fachkraft, eine Bindung und Beziehung zwischen ihr und dem Kind entwickeln zu können. Die Beziehung zwischen Kind und Erwachsenem gilt als eine der wichtigsten Voraussetzungen für den aktiven Aufbau des Subjekt-Welt-Bezugs.

> *„Fehlen diese grundlegenden Bindungs- bzw. Beziehungserfahrungen, haben Kinder Schwierigkeiten, sich selbstbewusst neues Terrain zu erobern und sich intensiv auf die Exploration der Umwelt einzulassen. Somit können sie nur eingeschränkt von den Anregungen profitieren, die ein vielfältiges und komplexes Umfeld bietet. Der Aufbau sicherer Bindungsbeziehungen ist somit von besonderer Bedeutung für den Verlauf kindlicher Bildungsprozesse, und die Qualität der Beziehungen zwischen dem Heranwachsenden und seinen Bezugspersonen ist von großer Bedeutung für dessen Weltkonstruktion" (Viernickel 2007, 5).*

sprachliche Gestaltung

Sind die grundlegenden sozial-emotionalen Voraussetzungen gegeben, schreitet der Spracherwerbsprozess ganz natürlich voran. Grundsätzlich kann jede Alltagssituation – gemeinsame Mahlzeiten, die Badesituation, gemeinsames Spiel, das Einkaufen in der Familie; die Begrüßungssituation, der Morgenkreis, das freie Spiel, Pflegesituationen oder Mittagessen im Kindergarten – zur Sprachförderung genutzt werden (Winner 2009).

Entscheidend für einen sprachlichen Fortschritt der Kinder sind die Quantität und Qualität der sprachlichen Anregungen und Angebote in der sozialen Umwelt sowie das Sprachvorbild der Eltern und der pädagogischen Fachkräfte.

intuiti ves Elternverhalten

Elterliche Reaktionen erfolgen auf das Verhalten ihres Kindes in einem sehr engen Zeitfenster (200–600 msec). Somit ist nicht davon auszugehen, dass diese auf bewussten Entscheidungen der Eltern basieren. Vielmehr werden die Ursprünge der oft spielerischen Interaktionen in der Evolutionsgeschichte des Menschen gesehen.

professionelle Responsivität

Im Gegensatz dazu sollte die pädagogische Fachkraft wissen, dass Kinder im Laufe des Spracherwerbs scheinbar Fehler machen, die aber Teil der normalen Entwicklung und wesentlich für das Erreichen weiterer Erwerbsmeilensteine sind (Kap. 2.2), um spezifische pädagogische Angebote sprachförderlich gestalten zu können. Weiterhin kann eine Abstimmung auf die Themen der Kinder und die Bereitstellung von Materialien nur gelingen, wenn sie über diagnostische Kompetenzen verfügt und den Entwicklungsstand der Kinder erkennen kann (Kap. 1.3 und 4.5). Es muss der pädagogischen Fachkraft für das einzelne Kind ebenso wie für die gesamte Gruppe gelingen, das eigene Vorgehen mit dem jeweiligen Stand der Kinder abzustimmen. In diesem Zusammenhang kommt der Entwicklung der professionellen Responsivität eine besondere Bedeutung in der Frühpädagogik zu.

3.1 Die Bedeutung der familiären Interaktion

In diesem Kapitel wird zunächst die Eltern-Kind-Bindung mit dem Konzept der Feinfühligkeit näher beleuchtet. Während das Bindungsbedürfnis universell ist, wird die Ausgestaltung des intuitiven Elternverhaltens zumindest zum Teil durch die Kultur bestimmt. Ein sprachspezifisches Element des intuitiven Elternverhaltens sind dabei die elterlichen Sprechstile, mit deren Darstellung dieses Unterkapitel schließt.

3.1.1 Eltern-Kind-Bindung

Wichtige Aufschlüsse über die Rolle des elterlichen Verhaltens in den frühen Bindungsbeziehungen sind der Bindungsforschung zu verdanken, die vor allem die emotionalen Bedürfnisse des Säuglings fokussiert. Sie geht von einem überlebenswichtigen und daher biologisch verankerten Grundbedürfnis des Säuglings nach Schutz, emotionaler Sicherheit und Nähe im Rahmen einer vertrauensvollen, verlässlichen Bindungsbeziehung aus.

kultur- und spezies-übergreifendes Bedürfnis nach Bindung

Dieses Bedürfnis ist kultur- und speziesübergreifend, d.h. menschliche Säuglinge zeigen es unabhängig davon, in welche Kultur sie hineingeboren werden und wir alle teilen es mit unseren nächsten Verwandten im Tierreich. Die angeborenen, in Belastungs- und Gefährdungssituationen aktivierten Bindungssignale des Säuglings und Kleinkindes – Rufen, Schreien, Anklammern, Folgen und das Suchen von Nähe – lösen in der sozialen Umwelt komplementäre angeborene Verhaltensbereitschaften aus, die dem Baby durch Zuwendung, Körperkontakt und Beruhigungsstrategien prompt und angemessen Schutz und Sicherheit geben.

elterliche Feinfühligkeit

Ainsworth (2003) hat im Rahmen der Erforschung der Mutter-Kind-Bindung neben Akzeptanz, Kooperation und Verfügbarkeit die Feinfühligkeit als wichtigstes Merkmal des elterlichen Fürsorgeverhaltens herausgestellt.

Feinfühligkeit ist die Fähigkeit, die Signale des Babys wahrzunehmen, richtig zu interpretieren und prompt und angemessen zu beantworten. Durch die Promptheit der Reaktion lässt sie den Säugling einen Zusammenhang zwischen seinem Verhalten und der Reaktion erkennen; durch die Verhaltensangemessenheit bietet sie dem Säugling nicht weniger oder mehr, als er braucht (Remsperger 2008, 9). Feinfühligkeit meint somit auch, dass die Reaktionen entwicklungsfördernd sind, also dem Kind nichts abnehmen, was es eigentlich schon selbst kann.

Das Vorhandensein einer stabilen, sicheren Bindungsbeziehung und die Feinfühligkeit der erwachsenen Bezugspersonen sind wichtige Voraussetzung für das Herstellen von Nähe und Vertrautheit in der sozialen Kommunikation.

3.1.2 Intuitives Elternverhalten

Insbesondere den Verhaltensbeobachtungen im natürlichen Kontext der frühen Eltern-Kind-Interaktionen von Papoušek / Papoušek (1987) sind die heutigen Erkenntnisse über das intuitive Elternverhalten zu verdanken. Weiterhin zielte das primäre Erkenntnisinteresse darauf ab, was den menschlichen Säugling und seine Eltern auf artspezifische Weise auszeichnet: Seine hoch differenzierte vorsprachliche Kommunikation, die psychobiologisch von Anfang an auf eine emotional ausgewogene Integration, Symbolisation und Repräsentation der frühkindlichen Erfahrungen und auf den Erwerb der Sprache hin angelegt ist.

frühe Kommunikation

Kommunikation beginnt bereits mit der Geburt und umfasst nonverbale (Mimik und Gestik), paraverbale (Sprechpausen, Intonation der sprachkompetenten Bezugsperson; Schreien, Seufzen, Gähnen und Gurren des Kindes) und verbale Mittel (Wörter und kurze Sätze der sprachkompetenten Bezugsperson; Lalllaute des Kindes. Der Übergang zur verbalen Kommunikation verläuft fließend mit der wachsenden sprachlichen Kompetenz des Kindes.

intuitive Elterndidaktik

Dieses gemeinsame Handeln in der vorsprachlichen Kommunikation, Routinen und Formate sowie die mütterlichen Sprechstile werden im sozialen Interaktionismus (Bruner 2008) als Voraussetzung für den Spracherwerb des Kindes betrachtet, wobei insbesondere der intuitiven Elterndidaktik eine besondere Bedeutung zukommt.

„Mit dem Begriff **intuitive Elterndidaktik** werden auf biologischer Adaptation beruhende Verhaltensanpassungen im elterlichen Kommunikationsverhalten bezeichnet, die mithilfe von Verhaltensmikroanalysen in der vorsprachlichen Eltern-Kind-Interaktion identifizierbar sind. Sie sind komplementär auf Wahrnehmungs-, Lern- und Denkfähigkeiten des Säuglings und Kleinkindes abgestimmt und werden von Eltern und anderen Bezugspersonen ohne rationale Überlegung oder bewusste Steuerung im Zwiegespräch mit dem Säugling und Kleinkind ausgeübt" (vgl. Papoušek / Papoušek 1995, o.S.).

Die sozialen Bezugspersonen des Kindes haben die Fähigkeit, die Entwicklung seiner wichtigsten, spezifisch menschlichen Eigenschaften und Fertigkeiten, wie den Umgang mit Symbolen, nonverbale und sprachliche Verständigung, die innere Repräsentation und die Entwicklung des Selbst zu unterstützen.

Einfluss der Kultur

Wie sich diese Fähigkeit konkret im Verhalten manifestiert und zum Erwerb einer sozialen Beziehungsmatrix des Kindes führen, ist abhängig vom kulturellen Kontext und den kulturellen Wertsystemen (Keller 2005). Im Wesentlichen werden drei soziokulturelle Orientierungen unterschieden (Georgas et al. 2006):

1. Independenz als Betonung von früher Selbstständigkeit und Autonomie;
2. Interdependenz als Betonung der Verbundenheit mit anderen und des Familienzusammenhalts;
3. autonom-relationale Strategie als Integration der beiden genannten Wertorientierungen.

Bezugspersonen in den westlichen Industrienationen betonen die Selbstständigkeit und Autonomie. Sie stellen das Kind ins Zentrum der Aufmerksamkeit, fokussieren auf positive Verhaltensweisen und auf die sprachlichen Austauschprozesse. Dagegen steht für Bezugspersonen mit interdependenter Orientierung das Kind nicht im Zentrum der Aufmerksamkeit, es wird eher auf negative Verhaltensweisen des Kindes reagiert und Bewegungsstimulationen eingesetzt.

3.1.3 Elterliche Sprechstile

Das Herstellen und die Ausgestaltung der Kommunikationssituation ist ein Element des intuitiven Elternverhaltens, auf das im Folgenden näher eingegangen wird. Tabelle 2 gibt einen zusammenfassenden Überblick der mütterlichen Sprechstile, ihrer Hauptmerkmale und deren Bedeutung für den kindlichen Spracherwerb.

Tab. 2: Mütterliche Sprechstile in den frühen kritischen Phasen des kindlichen Spracherwerbs (nach Grimm, 2003)

Alter des Kindes	Mütterlicher Sprechstil	Hauptmerkmale	Funktionen für den Spracherwerb
bis ca. 12 Monate	Ammensprache (Baby Talk)	überzogene Intonationskontur; hoher Tonfall; lange Pausen an Phrasenstrukturgrenzen; einfache Sätze; kindgemäßer Wortschatz	Spracherkennung; zentral: Prosodie, Phonologie
2. Lebensjahr	stützende Sprache (Scaffolding)	gemeinsamer Aufmerksamkeitsfokus; Routinen; Formate; Worteinführung	Spracheinführung (Turn Taking) zentral: Wortschatz
ab 24–27 Monaten	lehrende Sprache (Motherese)	Modellsprache; modellierende Sprachlehrstrategien; Sprachanregung durch Fragen	sprachanregend und -lehrend; zentral: Grammatik

Ammensprache

Bis zum Alter von etwa 12 Monaten verwendet die Mutter ein besonderes Sprechregister, die Ammensprache (Baby Talk), welche vom Säugling vorgezogen wird und ihm die Spracherkennung durch prosodische und phonologische Hinweisreize erleichtert (u.a. DeCasper / Spence 1986; Fernald 1985; Mehler et al. 1988).

Kommunikationsabsicht

Obwohl die soziale Umwelt weiß, dass der Säugling noch nicht alles verstehen kann, und wenngleich unklar ist, was mit seinen vorwiegend stimmlichen Äußerungen gemeint ist, werden diese vor allem in den westlichen Industrienationen als Kommunikationsabsicht gedeutet. Die Eltern, aber auch andere erwachsene Bezugspersonen und Geschwister fragen nach und benennen. Dadurch wächst das Kind allmählich in die Rolle des Dialogpartners hinein: Es lernt, seine eigenen Lautäußerungen in zeitlichem Bezug auf das Sprechen anderer zu koordinieren (*Turn Taking*), verfolgt deren Blickrichtung, sodass der gemeinsame Aufmerksamkeitsfokus auf einem Objekt der Umwelt liegt und Kommunikation darüber möglich wird (*Joint Attention*). Dies wird auch als Triangulierung bezeichnet.

Triangulierung ist definiert als Dreiecksbeziehung zwischen der eigenen Person, einem Interaktionspartner und einem Objekt bzw. einem weiteren Interaktionspartner (z. B. Mutter-Vater-Kind-Interaktion oder gemeinsames Spiel mit einem Ball).

Das Kind beginnt, Gesten einzusetzen und die Intonationsmuster anderer Personen zu reproduzieren (Grimm 2003).

Stützende Sprache

Im 2. Lebensjahr nutzt die Mutter die stützende Sprache (Scaffolding), um dem Kind die Einspeicherung von Sprachmaterial zu erleichtern.

Benennspiele und soziale Routinen

Dabei setzt sie z. B. Benennspiele als soziale Routinen ein, in denen die Informationen so begrenzt werden, dass das kleine Kind mit ihnen umgehen kann. Die Aufmerksamkeit des Kindes wird durch die Zeigegeste und den Blick auf einen bestimmten überschaubaren Ausschnitt aus der Realität gelenkt. Damit wird eine Dialogstruktur angeboten, die den Worterwerb unterstützt. Mit zunehmender Stabilität der Triangulierung lernt das Kind, worauf sich einzelne Wörter beziehen.

Intersubjektivität

Durch die Wahrnehmung von anderen Personen als Interaktionspartner entsteht Intersubjektivität (Tomasello 2003).

Mit **Intersubjektivität** sind in der Psychologie und Soziologie Erfahrungen gemeint, die für mehrere Personen vergleichbar sind. Diese Vergleichbarkeit führt dazu, dass Symbole oder Zeichen für verschiedene Individuen bedeutungsgleich sind. Somit macht erst die Intersubjektivität erfolgreiche Kommunikation möglich.

Damit beginnt z. B. eine Art des Zeigens, bei dem das Kind gleichzeitig mit seinen Blicken zu kontrollieren scheint, ob der Interaktionspartner auch seiner Zeigegeste auf ein Objekt folgt (= trianguläres Zeigen, triangulärer

Blickkontakt), während das Kind zuvor noch keine Zweifel daran zu haben schien und einfach nur zeigte. Durch die Weiterentwicklung von Kompetenzen zur Perspektiven- und Rollenübernahme wird das Kind zunehmend fähig, die Perspektive anderer einzunehmen.

Lehrende Sprache

Während bis zu diesem Zeitpunkt die Verständigung über Emotionen und Inhalte im Vordergrund steht, beginnt um den zweiten Geburtstag die grammatische Wohlgeformtheit der kindlichen Äußerungen an Bedeutung zu gewinnen.

grammatische Wohlgeformtheit

Eltern erwarten nun nicht mehr nur, dass ihr Kind kommuniziert, sondern dass es dabei auch bestimmte Regeln einhält. Unterstützt wird es dabei durch die explizit lehrende Sprache (Motherese). Sie ist dadurch gekennzeichnet, dass die Eltern kindliche Äußerungen erweitern, z. B. durch Korrektur, grammatikalische Vervollständigung und Hinzufügung semantischer Detailinformation.

Routinen und Formate

Die Einführung in die Sprache erfolgt durch zahlreiche Wiederholungen des Gesagten innerhalb wiederkehrender Situationen, sogenannter Routinen oder Formate, wie z. B. der Bilderbuchsituation (Bruner 2008; Suchodoletz 2007). Diese wird als Protosituation für die Spracheinführung betrachtet, in der die erwachsene Bezugsperson uneingeschränkte Aufmerksamkeit signalisiert. Durch die körperliche Nähe und die Vertrautheit mit der Situation erhält das Kind emotionale Sicherheit, wodurch Ressourcen für das Sprachlernen freigesetzt werden.

Zone der nächsten Entwicklung

Gleichzeitig werden durch kleine Veränderungen oder Abwandlungen des sprachlichen Inputs Anreize zum Spracherwerb in der Zone der nächsten Entwicklung gegeben.

Der Begriff der **Zone der nächsten Entwicklung** geht auf Wygotski (2002) zurück. Damit wird der Unterschied zwischen den aktuellen Fähigkeiten eines Kindes, die es selbstständig und ohne Hilfe zeigt, und den potenziellen Fähigkeiten, die es unter Anleitung einer kompetenten Bezugsperson demonstriert, bezeichnet. Das Konzept, dass eine Bezugsperson ein Kind durch die Zone der nächsten Entwicklung begleitet, wird als **Scaffolding** (Ko-Konstruktion) bezeichnet.

kindgerichtete Sprache

Wenngleich immer von mütterlichen Sprechstilen die Rede ist, sollte nicht vergessen werden, dass auch Väter, andere erwachsene Bezugspersonen,

Geschwister und ältere Kinder mit Säuglingen und Kleinkindern auf bestimmte, jeweils deren Sprachentwicklungsstand angepasste Art und Weise sprechen. Heute werden eher die Begriffe „spezifische Elternsprache“, „intuitive elterliche Didaktik“ oder „kindgerichtete Sprache“ favorisiert (Kannengieser 2009).

frühe Literacy-Förderung

Es kann davon ausgegangen werden, dass auch der Erwerb der Schriftlichkeit schon im ersten Lebensjahr beginnt (Milhoffer 2005). Durch regelmäßiges Vorlesen und dialogisches Bilderbuchlesen (Kap. 4.3) lösen sich Kinder vom Hier und Jetzt (De-Kontextualisierung) und werden mit sprachlichen Mustern vertraut, die es nur in schriftlicher Form gibt. Zusätzlich bekommt Schrift eine persönliche Bedeutung für das Kind, lange bevor es sich für die Schriftstrukturen interessiert (Nickel 2005a, 2007).

Effekte auf die sozial-emotionale Entwicklung

Die elterlichen Sprechstile und die Gestaltung von Routinen und Formaten dienen nicht nur der Unterstützung des Spracherwerbs, sondern haben eine ganze Reihe von Effekten auf die sozial-emotionale Entwicklung. Beispielsweise werden Liebesbekundungen oder Warnungen ausgedrückt, bevor das Kind diese sprachlich versteht; die kindgerichtete Sprache dient der Regulation von kindlichen Emotionen und Befindlichkeiten, sie kann tröstend, beruhigend, aber auch anregend sein (Papoušek 2008).

Milieuabhängigkeit

Die Ausstattung mit (Bilder-)Büchern als Indikator für gelebte Schriftlichkeit der Familie ist stark milieuabhängig, ebenso wie die Qualität der vorlesebegleitenden Dialoge, die durch Nachfragen, Aushandeln und gemeinsames Konstruieren von Bedeutung gekennzeichnet sein sollten. Diese besondere Gestaltung des sprachlichen Inputs, die auch in der Alltagskommunikation sehr wichtig ist, variiert in Abhängigkeit von der Sensibilität der Erwachsenen für die Aspekte oder Strukturen, die in der Zone der nächsten Entwicklung des Kindes liegen, und dem Erziehungsstil.

INFO

Einfluss des elterlichen Erziehungsstils auf die sprachlichen Fähigkeiten der Kinder

In der klassischen Studie von Hart/Risley (1995) sowie nach neueren Ergebnissen von Hoff (2003, 2006) zeigen Kinder geringere sprachliche Fähigkeiten bei uniformem und geringem Sprachangebot. Insbesondere der direktive Erziehungsstil hat sich als negativer sozialer Einflussfaktor erwiesen. Er geht einher mit vielen Anweisungen, Befehlen und Aufforderungen, seltenerer Kommentierung des kindlichen Verhaltens sowie weniger häufigem Aufgreifen des kindlichen Aufmerksamkeitsfokus. Die vom Kind eingebrachten Themen werden nur gelegentlich aufgenommen. Weiterhin werden weniger sprachanregende, offene W-Fragen von Eltern mit diesem Erziehungsstil gestellt (Suchodoletz 2007).

INFO

Nicht in allen Kulturen und von allen Eltern werden die beschriebenen Sprachlehrstrategien eingesetzt. Dennoch gelingt der Spracherwerb. Daher ist davon auszugehen, dass die Quantität und die Qualität des sprachlichen Inputs eher eine entwicklungsförderliche Bedingung als eine Voraussetzung des Spracherwerbs darstellt.

3.2 Die Bedeutung der Fachkraft-Kind-Interaktion

Im Folgenden wird zunächst auf die Beziehung und Bindung zwischen pädagogischer Fachkraft und Kind als wesentliche Voraussetzung für die Förderung des Spracherwerbs eingegangen. Im Anschluss daran werden exemplarisch einige pädagogische Settings beschrieben, die zur Sprachförderung besonders geeignet sind.

3.2.1 Beziehung und Bindung zwischen Fachkraft und Kind

Bindung und Beziehung bilden den Boden für lernförderliche Interaktionen.

Interaktion ist eine wechselseitige Beeinflussung von zwei oder mehreren Subjekten und wird breiter als nur im Sinne von „reiner Kommunikation" verstanden. Die Hervorhebung der Interaktion zwischen Fachkraft und Kind wurde entscheidend durch konstruktivistische Theorien in der Frühpädagogik ausgelöst.

dyadische Interaktionsschleifen

Ahnert (2006, 19) verwendet dafür den Begriff der *dyadischen Interaktionsschleifen*. Das Informationsangebot wird für das Kind durch soziale Vermittlung ausgewählt und strukturiert. Auch wird das Kind schrittweise auf einen Sachverhalt und dessen Eigenschaften aufmerksam gemacht. Dabei ist es maßgeblich, die kindliche Auseinandersetzung mit der Umwelt anzuregen, dem Kind dabei zu assistieren, es aber nur so viel wie nötig zu unterstützen.

Um eine stabile Bindung zwischen Kind und Fachkraft aufzubauen, braucht es aber nicht nur dyadische Interaktionsschleifen, sondern auch

Fachkräfte, die sehr sensitiv und feinfühlig im Umgang mit den Kindern sind.

Feinfühligkeit

Feinfühlige Interaktionen in Kindertageseinrichtungen sind ein Qualitätsmerkmal pädagogischer Arbeit.

Die Ergebnisse zahlreicher Studien sprechen dafür, dass Kindergartenkinder, die unter der Aufsicht von responsiven und sensitiven pädagogischen Fachkräften stehen, ihre Umwelt aktiver erkunden (Kunze / Gisbert 2007; Rubenstein / Howes 1979; Ruopp et al. 1979).

Responsivität

Responsive Fachkräfte ermutigen das Kind, seine Ideen und Gefühle auszudrücken, reagieren sensibel auf verbale und nonverbale Hinweise des Kindes und stellen Fragen, die zu Aktivitäten und Nachdenken anregen.

Sensitivität

Sensitive Fachkräfte sind einfühlsam und unterstützend. Sie beachten die momentane Stimmung und Situation des einzelnen Kindes in der Gruppe, aber auch die Gruppensituation. Entscheidend ist, dass von der Perspektive der Kinder ausgegangen und nachempfunden wird, wie sie ihre Umwelt verstehen (Pramling Samuelsson / Asplund Carlsson 2007, 63).

Wird die Fachkraft den Anforderungen eines feinfühligen Verhaltens gerecht, dann werden die Lernprozesse der Kinder von ihr individuell wahrgenommen. Sie achtet darauf, was das Kind gerade braucht und entscheidet demnach, wie aktiv oder passiv sie sich verhalten kann oder muss. Voraussetzung der besonderen Aufmerksamkeit für die kindlichen Signale ist, dass pädagogische Fachkräfte möglichst die gesamte Bandbreite an unterschiedlichen Signalen, die Kinder senden, wahrnehmen und verstehen können.

Gruppenorientierung

Im Gegensatz zum Bindungsaufbau in der Familie erfordert die Betreuung des Kindes durch eine Fachkraft in einer Kindertageseinrichtung den Aufbau einer individuellen Beziehung im Rahmen einer Gruppenbetreuung. Somit erleben Kinder unterschiedliche Beziehungsqualitäten in Familie und Kindertagesstätte (Ahnert 2006; Suess 2011). Die Qualität der Fachkraft-Kind-Beziehung hängt dabei vom Alter und Geschlecht der betreuten Kinder ab.

Alter

Während bei Kindern im Kleinkindalter noch sicherheitsgebende und stressreduzierende Aspekte im Vordergrund der Beziehungsgestaltung stehen, machen im Vorschulalter die erzieherische Explorationsunterstützung (Sicherheit in der Exploration) und die Assistenz beim selbstständigen Problemlösen eine sichere Bindungsbeziehung aus (Ahnert 2006, 2008).

Geschlecht

Assistenz und Explorationsunterstützung als wichtige Prädiktoren der Lernbereitschaft beim Schuleintritt sind Ergebnissen der Untersuchung von Ahnert (2006) zufolge in den Beziehungen zu Mädchen besser ausgeprägt als in denen zu Jungen. Dies führt zur Entstehung unterschiedlicher Bildungschancen für Jungen und Mädchen noch vor dem Schulbeginn.

professionelle Responsivität

Die entscheidende Bedeutung der Fachkraft-Kind-Beziehung für die kindliche Lernmotivation, die Entwicklung prosozialen Verhaltens, die Unabhängigkeit und Zielorientierung macht die Entwicklung einer professionellen Responsivität zu einem wichtigen Qualifizierungsziel in der Frühpädagogik (Bornstein et al. 2008; Gutknecht 2010; Sarimski 2012).

Professionelle Responsivität impliziert zum einen die Wahrnehmungsdimension und damit die Fähigkeit, kindliche verbale und nonverbale Signale entschlüsseln zu können, zum anderen die Dimension einer erhöhten emotionalen Expressivität insbesondere im Kontakt mit Kindern (Gutknecht 2010). Von besonderer Bedeutung ist die Fähigkeit zur Synchronisation in den Modalitäten Stimme (musikalische Interaktion), Mimik / Gestik / Blick, Berührung / Bewegung / Tonus und Sprache (intuitive Didaktik / Rhetorik).

Professionelle Responsivität zeigt sich in der flexiblen Verfügbarkeit verschiedener Interaktionsstile gegenüber Kindern unterschiedlichen Alters, Geschlechts, aus unterschiedlichen Kulturen und auf unterschiedlichen Entwicklungsniveaus.

3.2.2 Allgemein sprachförderliche Interaktionsformen

An dieser Stelle wird auf ausgewählte, allgemein sprachförderliche Interaktionsformen eingegangen, die im Rahmen der professionellen Responsivität diskutiert werden.

Teacherese

Die Ausprägung der intuitiven Elterndidaktik als spezifisches, stimmlich-sprachliches Phänomen wird bei pädagogischen Fachkräften in Anlehnung an den Motherese-Begriff als *Teacherese* bezeichnet. Dies ist zugleich auch ein wesentliches Beziehungsangebot, da über die Stimme die Erregungssituation des Kindes reguliert wird (Papoušek 2008). Die ko-regulative Kompetenz einer Fachperson ist am professionellen Einsatz der Stimme zu erkennen, über den Spannungsaufbau und Spannungsabbauprozesse moduliert werden. Darüber hinaus trägt der didaktische Einsatz einer bewussten prosodischen Gestaltung der sprachlichen Interaktion zur Aufmerksamkeitsfokussierung bei und erleichtert die gesamte lexikalische und syntaktische Sprachverarbeitung.

Sprachlehrstrategien

Sprachlehrstrategien können gezielt in Alltags- (z. B. Mahlzeiten, Anziehen, Einkaufen) und Spielsituationen eingesetzt werden. Insbesondere soziale Routinen und Formate (Bruner 2008) eignen sich zum Angebot von wichtigen Wörtern und Satzkonstruktionen, weil diese häufig wiederholt werden können. Als zentrale und langfristig bedeutsame Sprachlehrstrategien werden Korrektur- und Modellierungstechniken betrachtet.

Modellierung ist definiert als das der kindlichen Äußerung folgende Sprachmodell. Die Äußerung des Kindes wird von den Eltern und der pädagogischen Fachkräfte aufgegriffen, gespiegelt und verändert.

Ausgewählte sprachförderliche Korrektur- und Modellierungstechniken

- Die bekannteste Technik ist das **korrektive Feedback.** Die kindliche Äußerung wird dabei korrigiert wiedergegeben, ohne dass es zu einer offensichtlichen formalen Korrektur kommt („Nein, das hast du falsch gesagt …“; Dannenbauer 2002). Es kann auch vervollständigend eingesetzt werden oder einen metasprachlichen Kommentar einhalten („Ja“ bzw. „Nein“ + korrektives Feedback). Auch *Alternativfragen* oder die Aufforderung des Kindes zur *Selbstkorrektur* zählen zu dieser Technik.
- **Bestätigende Techniken**, wie die einfache Wiederholung der kindlichen Äußerung, können bereits bei den ersten Verwendungen einer Zielstruktur bzw. eines Zielwortes zum Einsatz kommen.
- Zur **dialogischen Weiterführung** gehören Expansionen (K: „Da, Auto!“ – T: „Ja, genau. Da ist ein blaues Auto.“), Extensionen und Umformungen (K: „Mutti auch Kette.“ – T: „Aha, sie hat auch eine Kette?“. Diese sollten während des Festigungs- und Automatisierungsprozesses eingesetzt werden.

dialogisches Bilderbuchlesen

Als Protosituation der Spracheinführung wird das dialogische Bilderbuchlesen betrachtet. Im Unterschied zum klassischen Bilderbuchlesen übernehmen die Kinder die aktive Erzählerrolle. Somit orientiert sich die Interaktion konsequent am kindlichen Aufmerksamkeitsfokus, ihnen wird die Führung beim Blättern im Buch und beim Verharren bei bestimmten Bildern überlassen. Die Kinder drücken sprachlich aus, was sie interessiert und die pädagogischen Fachkräfte unterstützen sie dabei durch aktives Zuhören, das z. B. von sprachanregenden Fragen und korrektivem Feedback begleitet ist (Kraus 2005; Kap. 4.3.1 und 5.2). Die Bilderbuchsituation kann am effektivsten dyadisch oder in einer Kleingruppe von maximal vier bis fünf Kindern gestaltet werden.

Musikalische Interaktion

Weltweite Universalien der intuitiven elterlichen Didaktik sind Wiegen- und andere Kinderlieder. Deren Hauptfunktion besteht in der Regulation von Spannungslagen. Musik ist als eine Form der Kommunikation zu betrachten, durch die im gemeinsamen Handeln Informationen mit emotionalem Gehalt ausgetauscht werden (Papoušek 2008; Gutknecht, 2010)**.**

Mit Musik lassen sich Alltagsroutinen und Übergänge zwischen diesen im Kindergartenalltag responsiv gestalten und leichter bewältigen.

Gemeinsamkeiten von Musik und Sprache

Musik und Prosodie der Sprache teilen Parameter der melodischen Kontur, des Rhythmus, der Tonhöhe, des Tempos und der Intensität. Über Musik lässt sich, ebenso wie über Sprache eine Beziehung aufbauen und etwas mitteilen. Während Rhythmus, Klang und Modulation als Sprachverständnis- und Symbolträger gesehen werden können, weisen Stimmlichkeit, Klang und Rhythmizität sogar eine semantische Dimension auf. Mit Musik können Eigenschaften bezeichnet (hoch, tief, hell, dunkel) und Stimmungen vermittelt werden (fröhlich, traurig, ängstlich, wütend). Weiterhin hilft sie bei der Erschließung semantischer Felder und Themenbereiche (z. B. Tiere, Bauernhof) und beim Einstieg in das Geschichtenerzählen (z. B. Peter und der Wolf; Koelsch 2004 in Gutknecht 2010, 71).

Silbenspiele und Lautmalerei

Lautmalereien und Silbenspiele weisen eine große Nähe zur Musik auf. Sie ermöglichen es, die Magie und den Zauber der Sprache zu entdecken. Hierfür geeignet sind beispielsweise fröhliche Reiterspiele (hoppe, hoppe, hü), Hand- und Fingerspiele (tip, tip, tap), Wasser- und Badespiele (pitsch, pitsch, patsch), die Nachahmung von Geräuschen und Klängen wie das Ticken der Uhr (tick tack), das Motorgeräusch des Autos (brumm brumm), aber auch magische Stammesrituale (A uka uka U), zu denen getanzt oder gestampft wird, geheimnisvolle Beschwörungsformeln („Manntje, Manntje, Timpe te“ aus dem Märchen „Der Fischer und seine Frau“) oder Zauberwörter (Abrakadabra), mit denen ein Objekt zum Erscheinen gebracht wird (Gutknecht 2010).

Neben dem Zugang zur gesprochenen Sprache ebnen Lautmalereien oft den Weg zu Bildern und Büchern.

Lieder für Alltagsroutinen

Lieder zur Begleitung von Alltagsroutinen wie Mahlzeiten, das An- und Ausziehen oder auch das Hände waschen, sind oft von der pädagogischen Fachkraft erdacht. Sie helfen Kindern mit regelmäßigen Anpassungsschwierigkeiten z. B. beim Übergang vom Schlafen zum Spielen oder vom Spielen zum Wickeln bei der Selbstregulation.

Professionelle Responsivität zeigt sich in der Anpassung des Tempos und der Intensität an die Spannungslage des Kindes oder der Kindergruppe, um modulierend im Sinne eines Spannungsaufbaus oder Spannungsabbaus zu wirken.

Aufbau von Schema- und Skriptwissen

Für frühe sprachliche Bildungsprozesse ist der schrittweise Aufbau von Schemata oder Skripts erforderlich.

Schemata oder Skripts werden auch als protonarrative Sequenzen bezeichnet, die aus immer wiederkehrenden Handlungsabläufen im Alltag des Kindes im Zusammensein mit den Bezugspersonen entstehen (Welzer 2008). Dazu gehört z. B. der Morgenkreis, gemeinsame Mahlzeiten oder auch Körperpflegesituationen, wie das Wickeln in der Krippe.

Aus der Vielzahl unterschiedlicher Schemata oder Skripts formt sich die soziale Matrix des Kindes. Dabei stellt die Kindertageseinrichtung einen ergänzenden Teil des familiären Gesamtskripts dar. Skriptwissen ermöglicht dem Kind die Vorhersage dessen, was geschieht, vermittelt Sicherheit, eröffnet Ressourcen für das Lernen im Dialog und bildet das Gerüst für frühe Erzählungen (narrative Kompetenz). Der pädagogischen Fachkraft kommt – insbesondere in der Krippe – die Aufgabe zu, das Kind beim Erwerb der Skripts zu unterstützen. Hierzu trägt z. B. ein rhythmisierter Tagesablauf mit vorhersehbaren Kern-Elementen (Morgenkreis, Freispielzeit, gemeinsame Mahlzeiten, Projektarbeit, Spaziergang) und pädagogischen Schlüsselsituationen (Füttern, Wickeln, Trösten) bei. Bei sehr intimen und häufigen Abläufen, wie z. B. Pflegesituationen, sollten das Vorgehen und der Stil aller Mitarbeiter so ähnlich wie möglich sein, um den Skriptaufbau zu erleichtern (Gutknecht 2010).

Scaffolding

Im Kontext sprachförderlichen Handelns werden Gerüst- oder Stütztechniken als intuitiv didaktische Strategien betont. Bei der Stützsprache oder dem Scaffolding (Bruner 2008; Ritterfeld 2005) bewegen sich die Sprachangebote der sozialen Umwelt in der Zone der nächsten Entwicklung des Kindes.

Ko-Konstruktion

Im Ko-Konstruktionsprozess müssen die Handlungsanforderungen so zwischen der pädagogischen Fachkraft oder anderen kompetenten Personen und dem lernenden Kind verteilt sein, dass Ziele gemeinsam erreicht werden können, die ohne diese Form der Unterstützung nicht erreicht worden wären. Die Unterstützung wird allmählich ausgeblendet, wodurch das Kind sukzessive befähigt wird, die Ziele auch allein zu erreichen (Holodynski 2007; Lally 2007). Hierzu ist jedoch eine hohe Dichte der Fachkraft-Kind-Interaktion erforderlich.

Ko-Regulation

In der Ko-Regulation gibt der kompetente Interaktionspartner Hilfestellungen zur Bewältigung von Anforderungs- und Diskrepanzerlebnissen. In der Krippe macht der Säugling oder das Kleinkind die Mehrzahl seiner Interaktionserfahrungen in Pflegesituationen. Dies bedeutet gleichzeitig die Möglichkeit zur direkten Face-to-Face-Kommunikation zwischen der Fachperson und dem Kind mit vielfältigen Lernerfahrungen.

Fachpersonen zeigen in ihrem Vermögen, Scaffolding-Strategien anzuwenden, durchaus unterschiedliches Geschick. Für den professionellen Kontext muss diese sehr komplexe Strategie häufig unter Video-Supervision optimiert werden.

Memory Talk

Beim Memory Talk handelt es sich um eine von Nelson (2009) intensiv untersuchte Strategie zur Unterstützung des frühen autobiografischen Gedächtnisses. Dabei bilden die Äußerungen der Bezugsperson in Erzählinteraktionen sowie die aufgebauten Schemata oder Skripts das Gerüst für die Erinnerungen des Kindes, indem bestimmte Momente / Elemente aus der erzählten Vergangenheit über emotionale Markierungen als wichtig gekennzeichnet werden. Kinder lernen dadurch, vergangene Erfahrungen in detaillierter episodischer Form zu erinnern. Entscheidend sind nicht der Detailreichtum der Erinnerungen, sondern deren emotionalen Aspekte.

Während Kinder zunächst nur die Erzählungen der kompetenten Interaktionspartner bestätigen und wiederholen, beginnen sie im Alter von ca. 30 Monaten, eigene Details zum Erlebten beizutragen. Nur sechs Monate später – um ihren dritten Geburtstag – können Kinder oft schon relativ zusammenhängende Geschichten aus ihrer Vergangenheit erzählen.

3.3 Die Bedeutung der Peerinteraktion

Während sprachliche Prozesse anfänglich noch sehr stark von der primären Bezugsperson unterstützt und begleitet werden (Kap. 3.1), erweitert sich mit dem Besuch der Kindertageseinrichtung der außerfamiliale Erfahrungsraum des Kindes. Neben der Fachkraft-Kind-Interaktion (Kap. 3.2) spielt für den Spracherwerb der Kinder auch der Kontakt zu gleichaltrigen Kindern (Peergroup) in der Kindertageseinrichtung eine Rolle. Im Kontakt zu anderen Kindern lernt es seine Bedürfnisse und Ziele mit Gleichaltrigen abzustimmen und durchzusetzen. Es erweitert in den Interaktionen seine sprachlichen und kommunikativen Kompetenzen. Mashburn et al. (2009) weisen in ihrer Längsschnittuntersuchung nach, dass die Sprachkompetenz innerhalb der Peergroup einen signifikanten Einfluss auf individuelle Spracherwerbs verläufe hat, allerdings verbleiben die Ergebnisse auf der makroanalytischen Ebene, d.h. die Frage nach hemmenden und gelingenden Faktoren bleibt unbeantwortet. Im Folgenden werden daher zunächst die Voraussetzungen für Dialoge in der Gruppe der Gleichaltrigen dargestellt, um zu einem Verständnis von gelingender Interaktion zu kommen. Neben den konversationellen Kompetenzen stehen dabei insbesondere die Strategien von Kindern im Vordergrund, sich Zugang zur Peerkultur zu verschaffen.

3.3.1 Voraussetzungen für die Peerinteraktion

Theory of Mind

Linguistische und kommunikative Kompetenzen beeinflussen sich in diesem Prozess gegenseitig und nehmen Einfluss auf die sozial-kognitiven und emotionalen Fähigkeiten des Kindes. Die Interaktionsmuster zwischen Gleichaltrigen verändern sich im Verlauf der Entwicklung im Kindergarten hin zu reziproken und komplementären Strukturen, die sich dadurch kennzeichnen, dass das Kind in seinem Gegenüber nicht mehr ein Objekt, sondern ein Subjekt erkennt, mit dem es in Interaktion treten kann (Oerter 1999). Im Verlauf des Kindergartenalters sind Kinder mit der Fähigkeit zur sozialen Perspektivenübernahme und dem graduellen Abbau des kindlichen Egozentrismus dazu in der Lage, sich in andere Personen hineinzuversetzen, Reaktionen der anderen im Hinblick auf Intentionen zu antizipieren (Peter 1998). Die Annahme, dass das Kind im Verlauf seiner Entwicklung ein eigenständiges Wissen entwickelt, das es in die Lage versetzt, unabhängig von seiner Ich-Perspektive die Gedanken und Gefühle des anderen einzuschätzen, wird als Theory of Mind bezeichnet (Baron-Cohen et al. 1985, 37) und als grundlegende Voraussetzung für eine gelingende Interaktion gesehen.

Peerkultur

Das Entstehen von Freundschaften spiegelt wesentliche Aspekte sozial-kommunikativer Fähigkeiten wieder. Diese umfassen die Initiierung und Aufrechterhaltung von Kontakten, die Fokussierung der Aufmerksamkeit der Interaktionspartner, sozial-emotional adäquates Verhalten gegenüber Spielpartnern und die Koordination von Spielprozessen (Fritz 2004). In der Interaktion mit der Gruppe der Gleichaltrigen entwickeln Kinder eine „Peerkultur“, die nach der Definition Corsaros (2011, 15) durch zwei zentrale Aspekte bestimmt wird:

Peerkultur ist das Bemühen nach selbstbestimmter Lebensgestaltung und das Streben danach, „die Früchte dieser Bemühungen mit ihren Peers zu teilen.“

Teilhabe

Freundschaften in der Peergroup beziehen sich im Kindergarten hauptsächlich auf aktuelle Spielsituationen und ergeben sich meist zufällig aus dem gemeinsamen Interesse an bestimmten Gegenständen oder Spielzeugen. Zur Etablierung und Aufrechterhaltung dieser koordinierten Spielhandlungen gehören die Kompetenz zur sprachlichen Initiierung und die adäquate Reaktion auf sprachliche Äußerungen des Spielpartners. Die

> *„typischen erweiternden Äußerungen des Partners und dessen Rückbezug [spielen] eine, vielleicht die ausschlaggebende Rolle für die auf den gemeinsamen Gegenstand (das Thema, Ziel) bezogene Kommunikation …: Das Kind antwortet mit themenbezogenen Inhalten“ (Oerter 1999, 127).*

Exklusion

Die Peerkultur zeichnet sich im Kindergarten auch durch Prozesse der Exklusion aus, d. h. anderen Kindern wird der Zugang zu Spielhandlungen verwehrt. Der Erwerb von Zugangsstrategien zur Peerinteraktion stellt im Vorschulalter daher eine große Herausforderung für Kinder dar und erfordert komplexe Strategien, um den Widerstand von gleichaltrigen Spielpartnern überwinden zu können, da sie bei ihren Versuchen vielfach und wiederholt auf Ablehnung stoßen (Corsaro 2011, 15 f.). Als effektive Verhaltensweisen werden in diesem Zusammenhang vor allem indirekte Strategien hervorgehoben, mit denen sich Kinder zunächst aus der Distanz einen Überblick über die Situation und das Spielmotiv verschaffen, um dann zu signalisieren, dass sie mitspielen können, ohne das Spiel der anderen zu stören. Der Erwerb dieser komplexen Zugangsstrategien ist für Kinder nur dann möglich, „wenn sie durch ihren eigenen Einsatz und nicht dank des autoritären Eingreifens Erwachsener in eine Gruppe aufgenommen werden" (Corsaro 2011, 17). Da das Beherrschen grundlegender Kommunikationsstrategien ausschlaggebend ist für den Status und die Beliebtheit in der Peergroup, besteht die Gefahr, dass Kinder mit geringer Sprachkompetenz weniger Freunde und Spielpartner finden (Wilde 1996, 211). Die fehlende Fähigkeit, in eine Interaktion mit Peers zu treten, sie aufrechtzuerhalten oder auf Gesprächseröffnungen von Gleichaltrigen angemessen zu reagieren, kann im Kindergarten zu einem völligen Ausschluss von Interaktionen führen. Betroffene Kinder entwickeln in der Konsequenz kompensatorische Bewältigungsstrategien, indem sie eine stärkere Abhängigkeit zu Erwachsenen zeigen oder eigene Dialogbeiträge verkürzen (Rice 1993). In der Folge geraten diese Kinder in einen Kreislauf, der durch die Verfestigung eines negativen Selbstbildes und sozialen Rückzug geprägt ist, der wiederum mit einem verringerten sprachlichen Input aufgrund von sozialer Exklusion einhergeht.

konversationelle Kompetenzen

Die Initiierung eines Dialogs und die Responsivität innerhalb eines Gesprächs sind konversationelle Kompetenzen, die sich aus der Interdependenz sprachlicher und sozialer Fähigkeiten entwickeln. Damit die **Initiierung einer Interaktion** gelingt, muss ein Kind die sensitive Fähigkeit besitzen, wann es ein anderes Kind ansprechen kann und wie es Situationen gemeinsamer Aufmerksamkeit auf einen Gegenstand oder eine Spielsituation verbal oder nonverbal herstellt. Die **Responsivität** zeichnet sich dadurch aus, dass dem Spielpartner Raum für eigene Aktivitäten gelassen wird und gleichzeitig die Bereitschaft signalisiert wird, auf seine Aktivitäten einzugehen und zu antworten, um den Interaktionsverlauf aufrecht erhalten zu können (Rice 1993).

Schuele und Rice (1995) sehen daher in der Initiierung von Interaktion eines Kindes zu einem anderen Kind einen entscheidenden Hinweis auf seine sprachlichen und kommunikativen Fähigkeiten. In ihren Untersuchungen weisen sie nach, dass Kinder mit Auffälligkeiten in der Sprachentwicklung deutlich weniger Gespräche mit Gleichaltrigen initiieren und die Gesprächsdauer aufgrund einer geringeren Responsivität im Vergleich zu sprachlich unauffälligen Kindern kürzer ist. In der Folge richten sich die

Interaktionsetablierungen häufiger an Erwachsene, was zu einer konstanten Verringerung der Initiierung und Responsivität führt.

Auswirkungen von Spracherwerbsstörungen auf Peerinteraktionen
Insgesamt zeigt sich in einer Erhebung von Rice (1993), dass Kinder mit Spracherwerbsstörungen seltener Adressaten einer Peerinteraktion sind, und die eigenen Versuche, Interaktionen zu initiieren, im Vergleich zu denen sprachlich kompetenter Peers doppelt so häufig abgelehnt werden. Schon Kinder im Altersbereich bis drei Jahren zeigen für solche sprachspezifischen Entwicklungsunterschiede innerhalb der Peergroup eine hohe Sensitivität und suchen sich ihre Interaktionspartner in Abhängigkeit von deren sprachlichen und kommunikativen Fähigkeiten aus.

Peerstatus

Der Peerstatus nimmt einen wesentlichen Stellenwert beim Zugang zu Interaktionsprozessen ein. Während ein Wechsel des Beliebtheitsstatus durchaus möglich ist, erweist sich der Status des Zurückgewiesenen als besonders dauerhaft (Kreuzer 2011). Ytterhus bezeichnet „die Membran zwischen inkludierendem und exkludierendem Umgang“ in der Peergroup als sehr dünn, die Instabilität der Struktur im sozialen Umgang der Kinder kann von kompetenten pädagogischen Fachkräften jedoch durchaus „in die gewünschte Richtung justiert werden“ (Ytterhus 2011, 127 f.).

Bedeutung der Fachkräfte

Im Umgang der Interaktion in der Peergroup kommt der pädagogischen Bezugsperson insbesondere bei Kindern, die aufgrund mangelnder sprachlicher Kompetenzen Schwierigkeiten haben, sich Zugang zu einer Spielsituation zu verschaffen, eine anspruchsvolle Aufgabe zu: Während das Eingreifen eines Erwachsenen sich kurzfristig als eine erfolgreiche Strategie erweisen kann, wenn aufgrund neuer Rollenzuweisungen neue Spielpartner in die Spielgruppe einbezogen werden können, zeigen die Beobachtungen Corsaros (2011, 19) jedoch, dass in vielen Fällen „die von außen forcierte Aufnahme eines neuen Gruppenmitglieds zum Zusammenbruch des Spielmotivs und zur Auflösung der ursprünglichen Gruppe führen“. Corsaro (2011) bezeichnet in der Konsequenz ein zurückhaltendes Verhalten der frühpädagogischen Fachkräfte als hilfreich im Umgang mit der Problematik des Zugangs zu Spielprozessen: Erst wenn deutlich wird, dass Kinder nicht in der Lage sind, untereinander einen Lösungsweg zu finden, greifen frühpädagogische Fachkräfte unterstützend ein. Dabei ermutigen die Erwachsenen zunächst die von der Interaktion ausgeschlossenen Kinder, sich mit der Peergroup auseinanderzusetzen, um eine Lösung herbeizuführen.

Der Einfluss einer Behinderung auf die soziale Beteiligung innerhalb einer Kindergartengruppe wird von Kreuzer (2011) anhand einer Analyse integrativer Modellprojekte in Deutschland herausgearbeitet. Zusammenfassend stellt er für die Grade der Beteiligung der einzelnen Kinder als Einflussfaktoren das Alter und Geschlecht, die Dauer der Zugehörigkeit und den Status in der Gruppe, Verhaltenseigenheiten, sowie Basisfähigkeiten zur Initiierung und Erwiderung von Interaktion heraus. Erschwernisse in der Peerinteraktion treten dabei unabhängig von der Diagnose einer Behinderung auf und können ebenso für Kinder mit Deutsch als Zweitsprache, Kinder aus Familien in Problemlagen, Kinder mit ungesteuertem Verhalten und entwicklungsgefährdete Kinder gelten. Pädagogische Unterstützung wird dann nötig, wenn Kinder nicht in der Lage sind, aufgrund ihrer Kompetenzen befriedigende Interaktionsprozesse zu etablieren oder aufrecht zu erhalten (Kron 2011).

Einflussfaktoren auf Peerinteraktionen

Casey (2011) verweist in diesem Zusammenhang auf die Rolle des Erwachsenen als empathischer Spielgefährte und Mittler, wenn er bemerkt, dass sich ein Spiel aufzulösen droht oder Prozesse der Exklusion offensichtlich werden. Die Autorin nennt dabei subtile Strategien, um die Kommunikation zwischen den Kindern zu ermöglichen oder zu erleichtern: Durch gezieltes Eingreifen oder durch die Einführung neuer Rollen und Spielobjekte kann der Erwachsene beispielsweise die Weiterentwicklung eines Spiels so beeinflussen, dass Kindern die Teilhabe am Spiel ermöglicht wird, die ansonsten vom Spielprozess ausgeschlossen werden würden.

Skripts in der Peerinteraktion

Die Qualität und Komplexität von Dialogen zwischen Kindern ist abhängig von gemeinsamen Erfahrungen, die die Gesprächspartner teilen (Short-Meyerson / Abbeduto 1997; Nelson / Seidman 1984). Die Dauer von Konversationen zwischen Kindern ist dabei stark davon bestimmt, ob diese über gemeinsame Skripts verfügen (Kap. 3.2), also einen thematischen Rahmen haben, der beiden Interaktionspartnern bekannt ist. Nelson (2002, 147) definiert diese Skripts als gemeinsamen thematischen oder handlungsspezifischen Rahmen, der beiden Interaktionspartnern bekannt ist: Die langandauernden Interaktionssequenzen zwischen den Peers sind stark davon abhängig, inwiefern ein gemeinsamer Erfahrungshintergrund hergestellt werden kann, der gleichzeitig als Rahmung eines Gesprächs und des gemeinsamen Spiels dient.

Wenn Kinder auf ein solches Gerüst zugreifen können und darüber hinaus über elementare Kommunikationsstrategien verfügen (Bereitschaft zur Gesprächsinitiierung und Berücksichtigung des Sprecherwechsels), sind sie in der Lage, Dialoge über einen längeren Zeitraum aufrechtzuerhalten.

Die gemeinsamen Erfahrungen der Kinder beziehen sich auf das Thema der Spielsituation selbst, aber auch auf allgemeine Kommunikationsregeln, wie zum Beispiel Turn-Taking und das Aufrechterhalten einer thematischen Kohärenz.

skriptbasierte Interaktionssequenzen

Nelson und Seidman (1984) stellen darüber hinaus fest, dass sich die skriptbasierten Interaktionssequenzen auch hinsichtlich einer höheren sprachlichen Komplexität von denen unterscheiden, die auf dem von kurzen sprachlichen Interaktionen begleiteten Umgang mit materiellen Objekten basieren.

Bedeutung der Kenntnis von Skripts

Um zu überprüfen, ob die gemeinsame Kenntnis von Skripts wichtig für die Diskursqualität im Vorschulalter ist, verglichen Short-Meyerson und Abbeduto (1997) in ihrer Untersuchung von 73 Kindern im Alter von 4;1 bis 5;7 Jahren Interaktionen, in denen die Interaktionspartner Erfahrungen in den Skripts (Plätzchen backen, Reise mit dem Flugzeug, Zahnarztbesuch und Wäsche waschen) teilen (= Matched Script Condition) mit Dyaden, in denen keine geteilten thematischen Vorerfahrungen bestanden (= Mismatched Script Condition). Während das Geschlecht und das Alter der Kinder keinen entscheidenden Einfluss auf die Qualität und Quantität der Interaktionen hat, kommen die Autorinnen zum Ergebnis, dass die skriptbasierte Interaktion die Effektivität sprachlicher Kommunikation auf mehreren Ebenen steigert. So führt die Kenntnis der Skripts sowohl bei den jüngeren als auch älteren Kindern der Studie zu einem längeren Aufrechterhalten des Gesprächsgegenstands, durch die Orientierung am thematischen Rahmen entstehen ferner weniger Missverständnisse in der Kommunikation.

Im Alter von vier bis fünf Jahren sind Kinder auch ohne die thematische Rahmung durch ein Skript zu länger anhaltenden Gesprächen fähig, die sich unabhängig vom Handlungskontext auch auf fiktive Zusammenhänge beziehen können. Das gemeinsame Wissen um Skripts besitzt demnach eine Brückenfunktion im Übergang von Symbol- zu komplexen Rollenspielen (Peter 1998).

Zugangsstrategien

Auf der Grundlage ihrer Langzeitstudie von fünf Kindern mit Migrationshintergrund in Kalifornien mit der Herkunftssprache Spanisch arbeitet Wong Fillmore (1979) die Strategien der Kinder heraus, die einen erfolgreichen Zweitspracherwerb im Englischen begünstigen. Aus den Ergebnissen lassen sich Konsequenzen für die pädagogische Arbeit ableiten, da die Studie die sprachliche Interaktion in der Peergroup fokussiert und danach fragt, mit welchen sozialen Verhaltensweisen die fünf- bis siebenjährigen Kinder an die Aufgabe des Zweitspracherwerbs herantreten und welche Unterstützung sie dabei durch ihre Umgebung erfahren.

Auf dem Weg zum Zweitspracherwerb verwenden Kinder demnach zunächst formelhafte, pragmatische Wendungen, um in Interaktion treten zu können. Die Kinder imitieren die sprachlichen Äußerungen der muttersprachlichen Spielpartner und übermitteln ihnen Signale, die Kommunikation aufrecht zu erhalten. Der Syntaxerwerb verläuft demnach nicht von einfachen zu komplexen Äußerungen, sondern durch die Analyse idiosynkratischer Wendungen. Um sich die Umgebungssprache aktiv anzueignen, werden kognitive (C) und soziale (S) Strategien eingesetzt (Wong Fillmore 1976, 634 ff.):

- *„C1: Assume that what people are saying is directly relevant to the situation at hand, or to what they or you are experiencing. Metastrategy: Guess!*
- *C2: Get some expressions you understand, and start talking.*
- *C3: Look for recurring parts in the formulas you know.*
- *C4: Make the most of what you've got.*
- *C5: Work on big things first; save the details for later.*
- *S1: Join a group and act as if you can understand what's going on, even if you don't.*
- *S2: Give the impression – with a few well-chosen words – that you can speak the language.*
- *S3: Count on your friends for help."*

Unterschiede im Spracherwerb

Die dargestellten Strategien zeichnen einen gelingenden Weg des Zweitspracherwerbs von Kindern im Vorschulalter nach und zeigen, wie sich aus kontextabhängigen Routinen produktive syntaktische Strukturen entwickeln. Individuelle Unterschiede hinsichtlich der Sozialkompetenz und der Persönlichkeit können dabei zu völlig unterschiedlichen Erwerbsverläufen führen. Werden die kognitiven und sozialen Strategien von Müller (2000, 149) zwar als „grob […] und nicht geeignet, die Feinheiten eines erfolgreichen Zweitspracherwerbs zu erklären“ dargestellt, liegt ihr großer Nutzen jedoch darin, die Aktivität der Kinder beim Spracherwerb zu illustrieren.

In der Unterstützung solcher Strategien, der Etablierung von Peerinteraktion mit kompetenten Sprechern und der Bereitstellung eines kontextuellen Rahmens, in dem sich Kinder ihre Umgebungssprache erschließen können, liegt daher eine zentrale Aufgabe frühpädagogischer Fachkräfte.

3.3.2 Unterstützung der Peerinteraktion

Strategien

In der Konzeption eines sprachfokussierten Curriculums (Language Focussed Curriculum, LFC) für den vorschulischen Bereich arbeitet Rice (1995) spezifische Prinzipien und Strategien heraus, wie die Peerinteraktion der Kinder im Kindergarten aktiviert und unterstützt werden kann. Über die Korrektur- und Modelliertechniken (Kap. 3.2) hinaus, die linguistische Strukturen fokussieren, werden Techniken entwickelt, mit denen die pädagogischen Bezugspersonen eine sprachförderliche Umwelt anbieten und die Peerinteraktion als spracherwerbsunterstützenden Faktor berücksichtigen. Im Unterschied zum inszenierten Spracherwerb in der Konzeption Dannenbauer (2002), der sich auf die Therapie von spezifischen Sprachentwicklungsstörungen bezieht, stellt der Ansatz des LFC die Umgebung des Spracherwerbs im Kindergarten in den Vordergrund. Eine in den Alltag der Kinder integrierte Sprachförderung nutzt die Potenziale, die im natürlichen sozialen Kontext liegen:

> *„Our approach was to bring the setting to the child, instead of asking a child to imagine relevant contexts. Intrinsic to the setting are other children, who serve as playmates, conversational partners, models for language use, and sources of feedback on the effectiveness of communication“ (Rice 1995, 31).*

Redirects

Die pädagogischen Bezugspersonen stellen innerhalb des sprachfokussierten Curriculums eine soziale Umwelt bereit, in der die verbale Interaktion der Kinder untereinander und somit sowohl aktives, als auch passives Lernen linguistischer und kommunikativer Regeln unterstützt wird. Schuele und Rice (1995) entwickeln auf der Grundlage der Erkenntnis, dass Kinder mit einer spezifischen Sprachentwicklungsstörung deutlich weniger Interaktionen mit der Peergroup initiieren und sich innerhalb von Spielphasen deutlich häufiger an Erwachsene richten, die Strategie der **Redirects** (Umleitungen): Wenn ein Kind innerhalb einer Spielsituation an den Erwachsenen herantritt, um eine Interaktion zu initiieren, soll dieser die Anfrage mittels Redirect an ein Kind weiterleiten, damit sich eine Kind-Kind-Interaktion etabliert. Im Idealfall führt die Technik in der Folge des Prozesses zu einer Annahme (Uptake) des Kindes, welches sich nun an ein anderes Kind richtet, keine Ablehnung erfährt und somit in eine gelungene Interaktion mit dem gleichaltrigen Gesprächspartner eintritt. Ein Abbruch der Interaktion kann sich dadurch ergeben, dass das Kind den Redirect des Erwachsenen wiederholt nicht annimmt (Conversational Override) oder eine Ablehnung des Peers erfährt (Reject).

Diese Strategie der Umleitung soll im Rahmen der alltagsintegrierten Sprachförderung darauf abzielen, dass die Kinder wirkungsvolle Sprachvorbilder füreinander sein können (Lütje-Klose 1997)**.**

Schuele und Rice (1995) stellen fest, dass durch den Einsatz der Redirect-Strategie insgesamt ein deutlicher Anstieg der Peerinteraktionen zu verzeichnen ist. Sie sehen in der Weiterbildung der frühpädagogischen Fachkräfte daher eine vielversprechende Präventions- und Interventionsstrategie für den vorschulischen Bereich, die nicht in den natürlichen Ablauf des pädagogischen Alltags eingreift und alle Kinder einschließt.

Peer-Modeling

Schuele und Rice (1995, 1331) heben die Bedeutung des Peer-Modeling hervor bei dem davon ausgegangen wird, dass Kinder sprachliche Strukturen und kommunikative Strategien bei anderen Kindern implizit erkennen und übernehmen:

> *„This it is important to ensure that teachers recognize that verbal interaction among peers is at least as, if not more important than, adult-child verbal interactions, and that a child's peers are likely to be receptive to verbal initiations."*

Peer-Tutoring

Ähnlich argumentieren auch Licandro und Lüdtke (2011), die im Rahmen der Förderung von Kindern mit einer anderen Herkunftssprache als Deutsch kompetente Sprecher in der Peergroup als Tutoren nutzen (Peer-Tutoring). Frühpädagogische Fachkräfte erhalten in diesem Zusammenhang die Aufgabe, geeignete Gruppen zusammenzustellen, einen sprachförderlichen Kontext herzustellen, die Peerinteraktion sprachlich zu begleiten und gegebenenfalls mithilfe von Sprachlehrstrategien zu unterstützen. Empirische Befunde zur Effektivität liegen in diesem Zusammenhang noch nicht in ausreichendem Maße vor. Legendre und Munchenbach (2011) berichten vielmehr, dass sich die Initiierungen von Peerinteraktionen verringerten, sobald sich eine frühpädagogische Fachkraft in der näheren Umgebung der Gruppe befand. Die differenzierte Analyse von Tierney et al. (2010) zur Bedeutung der pädagogischen Fachkraft für die Entwicklung sozialer Kompetenzen von Kindern in der Kindertageseinrichtung verweist dabei auf die komplexen Anforderungen, die mit diesem Dilemma einhergehen. Fachkräfte verwendeten eine Vielzahl an Strategien, die die Peerinteraktion mehr oder weniger stützten oder auch verhinderten. Indirekte, kindzentrierte Strategien führten im Gegensatz zu erwachsenenzentrierten Strategien dabei zu einer größeren Sozialkompetenz innerhalb von Peerbeziehungen.

1 Welcher Zusammenhang besteht zwischen Bindung und Sprache?

2 Was ist mit intuitivem Elternverhalten gemeint?

3 Wie äußert sich intuitives Elternverhalten in der sprachlichen Interaktion?

4 Was ist mit professioneller Responsivität gemeint?

5 Wie äußert sich professionelle Responsivität in der sprachlichen Interaktion?

6 Welchen Einfluss haben a) Kultur und b) Milieu auf die sprachliche Eltern-Kind- bzw. Fachkraft-Kind-Interaktion?

7 Welchen Einfluss haben Alter und Geschlecht der Kinder auf die Fachkraft-Kind-Interaktion?

8 Welche Verhaltensweisen pädagogischer Fachkräfte werden als sprachförderlich erachtet?

9 Was ist mit dialogischem Bilderbuchlesen gemeint?

10 Welches sind wesentliche Voraussetzungen für die Peerinteraktion?

11 Welche Bedeutung kommt der pädagogischen Fachkraft bei der Unterstützung der Peerinteraktion zu?

12 Was sind Redirects? Welche Effekte auf die Peerinteraktion haben sie?

13 Welche Bedeutung kommt Skripts und Schemata für den Spracherwerb und die Erzählkompetenzen zu?

Zu einer vertieften Auseinandersetzung mit der Wechselwirkung zwischen Sprache, sozial-emotionaler Entwicklung und kognitiver Entwicklung, die in diesem Band nur angerissen werden kann, ist die WiFF-Expertise Nr. 11 von Gudula List (2011) empfehlenswert. In: www.weiterbildungsinitiative.de/publikationen/sprache/details-sprachfoerderung/artikel/spracherwerb-und-die-ausbildung-kognitiver-und-sozialer-kompetenzen.html (01.07.2013)

Eine vertiefte Auseinandersetzung mit der Bedeutung der pädagogischen Fachkraft im frühkindlichen Bildungsprozess liefert die WiFF-Expertise Nr. 18 von Regine Schelle (2011). In: www.weiterbildungsinitiative.de/uploads/media/WiFF_Expertise_18_Schelle_Internet_PDF.pdf (01.07.2013)

Auf die Bedeutung des Erzählens und des Rollenspiels geht die WiFF-Expertise Nr. 10 von Helga Andresen ein und bietet praktische Hinweise für die Umsetzung in den Kita-Alltag. In: www.weiterbildungsinitiative.de/uploads/media/WiFF_Expertise_10_Andresen_Internet.pdf (01.07.2013)

4 Sprachdiagnostik und -förderung in der Frühpädagogik

Die Kenntnis diagnostischer Verfahren ist die Grundlage frühpädagogischen Handelns, für die Erfolgskontrolle und die weitere Förderplanung. In diesem Kapitel werden sowohl sprachdiagnostische Verfahren als auch Instrumente zur Erfassung der Sprachförderkompetenz pädagogischer Fachkräfte vorgestellt, die in der Kindertageseinrichtung einsetzbar sind. Weiterhin werden Beispiele für Sprachfördermaßnahmen unterschiedlicher Orientierung beschrieben. Ein besonderer Fokus liegt dabei auf der alltagsintegrierten Sprachförderung, da diese mittlerweile Eingang in die Bildungskonzeptionen aller Bundesländer gefunden hat.

Pädagogische Fachkräfte sind in den meisten Bundesländern – mit Ausnahme von Mecklenburg-Vorpommern und Thüringen – verpflichtet, die Entwicklung jedes einzelnen Kindes aufmerksam zu verfolgen und zu dokumentieren sowie bei entsprechenden Entwicklungsauffälligkeiten geeignete Fördermaßnahmen einzuleiten (Kany / Schöler 2010). Entsprechend der Einzelaktivitäten der Bundesländer ist das Spektrum der eingesetzten Diagnoseinstrumente und der Sprachfördermaßnahmen sehr breit.

Ein Überblick über alle Verfahren und Programme sowie die jeweiligen Erlasse der Länder ist auf der Website www.bildungsserver.de (01.07.2013) zu finden.

In Kapitel 4.1 werden zunächst verschiedene Diagnosemethoden beschrieben und ausgewählte, für den frühpädagogischen Bereich besonders relevante Instrumente exemplarisch vorgestellt. Kapitel 4.2 bietet einen Einblick in die Diagnose der Sprachförderkompetenz pädagogischer Fachkräfte, die im Rahmen der Professionalisierungsdebatte einen immer größeren Stellenwert erhält. Abschließend wird in Kapitel 4.3 auf die vier Hauptrichtungen, denen sich die Fördermaßnahmen zuordnen lassen, kurz eingegangen und das praktische Vorgehen anhand von ausgewählten Förderprogrammen sowie der alltagsintegrierten Sprachförderung illustriert. Die Auswahl der Beispiele erfolgte unter Berücksichtigung der nach Kany (2007) aufgestellten Mindeststandards: Transparenz, methodisch kontrollierte Konstruktion, Durchführungs- und Erfolgskontrolle, Implementierung und Qualifizierung / Supervision / Fortbildung der Anwender (Jungmann / Fuchs 2009).

4.1 Diagnose des Spracherwerbsstands

Arten der Erhebung

Nach Kany und Schöler (2010) werden im Wesentlichen drei diagnostische Methoden unterschieden:

- die Befragung,
- die Beobachtung und
- die Elizitation.

4.1.1 Befragung

Die Befragung stellt insbesondere in den ersten beiden Lebensjahren ein wichtiges Instrument zur Erfassung des kindlichen Spracherwerbsstandes dar (Kap. 2.2). Zumeist werden die Eltern als enge Bezugspersonen zu den frühen Sprachverständnis- und Sprachproduktionsleistungen ihres Kindes befragt. Hierzu wurden nach dem Vorbild des in den USA erschienen MacArthur Communicative Development Inventories (CDI) auch im deutschen Sprachraum standardisierte Elternfragebögen, wie der Elternfragebogen für ein- und zweijährige Kinder (ELFRA-1 und -2, Grimm / Doil 2006), der Fragebogen Eltern antworten (ELAN, Bockmann / Kiese-Himmel 2006), der Fragebogen zur Erfassung der frühkindlichen Sprachentwicklung (FRAKIS, Szagun et al. 2009) sowie die frei im Internet verfügbare Sprachbeurteilung durch Eltern (SBE-2-KT, Suchodoletz / Sachse 2011) entwickelt.

Vorhersagbarkeit Sprachentwicklungsstörung

Nach den Ergebnissen der Studie von Sachse et al. (2007) ist die Vorhersagbarkeit des Risikos einer Sprachentwicklungsstörung im Alter von einem Jahr mit dem ELFRA-1 eher als fraglich einzuschätzen. Dagegen erscheint die Prognose aufgrund der im Alter von zwei Jahren berichteten rezeptiven und expressiven Sprachfähigkeiten durchaus gut möglich. Daher wird der ELFRA-2 als Screening-Instrument auch zum Einsatz in Kinderarztpraxen im Rahmen der U7 ausdrücklich empfohlen.

4.1.2 Beobachtung

Professionelle Beobachtung ist als absichtsvolles, zielgerichtetes und aufmerksames Wahrnehmen von Merkmalen und Verhaltensweisen definiert. Bereits vor der Beobachtung ist festzulegen, was und in welcher Weise etwas beobachtet werden soll (Kany / Schöler 2010).

Entscheidet sich die pädagogische Fachkraft für die Methode der Beobachtung zur Gewinnung diagnostischer Informationen, sollte sie dies nicht ohne konkrete Fragestellung tun. Professionelles Beobachten beruht auf Unterscheidungs- und Vergleichsprozessen. Dabei wird das Beobachtete mit definierten Kategorien, Klassen oder einer Norm in Beziehung gesetzt.

Beobachtungsfehler

Wenngleich die Beobachtung zahlreiche Probleme mit sich bringt, wie z. B. verzerrte Wahrnehmungen, Erwartungseffekte, wie den Hofeffekt oder auch den Pygmalion-Effekt und naive Standards, wurden im Bereich der Frühpädagogik in Deutschland vor allem Beobachtungsverfahren und Checklisten als die Methoden der Wahl propagiert (Fried 2004, 9 f.).

INFO

Ausgewählte Beobachtungsfehler (nach Kany / Schöler 2010)
- Der **Hofeffekt**, auch Überstrahlungs- oder Halo-Effekt, bezeichnet die Tendenz, ein Gesamturteil aufgrund eines vorhandenen, besonders hervorstechenden Merkmals oder aufgrund des ersten Eindrucks zu fällen.
- Der **Pygmalion-Effekt** bzw. die sich selbst erfüllende Prophezeiung (Self-Fulfilling Prophecy) bezeichnet den Effekt von Vorinformation über die Kinder auf die Interpretation ihres Verhaltens oder ihrer Leistungen.

Entsprechend wird eine nahezu unüberschaubare Vielfalt von Beobachtungsverfahren in den Kindertageseinrichtungen eingesetzt. Weite Verbreitung haben die Beobachtungsverfahren Sprachverhalten und Interesse an Sprache bei Migrantenkindern im Kindergarten (Sismik, Ulich / Mayr 2003) und Sprachentwicklung und Literacy bei deutschsprachig aufwachsenden Kindern (Seldak, Ulich / Mayr 2006) erhalten, die im Auftrag des Bayerischen Staatsinstituts für Frühpädagogik in München entwickelt wurden. Diese werden im Folgenden ausführlicher vorgestellt.

Sprachentwicklung und Literacy bei deutschsprachig aufwachsenden Kindern – Seldak:
Der Beobachtungsbogen Seldak (Ulich / Mayr 2006) ist für deutschsprachige Kinder im Alter von vier Jahren bis zum Schuleintritt konzipiert. Er ermöglicht eine strukturierte Beobachtung sprachlicher Kompetenzen und Erfahrungen im Bereich Literacy im pädagogischen Alltag.

Beobachtungsbereiche

Der Beobachtungsbogen (Tabelle 3) umfasst zwei Teile, *Sprachrelevante Situationen* und *Sprachkompetenzen im engeren Sinn.*

Einsatzmöglichkeiten

Um das Kind in den beiden Bildungsbereichen Sprache und Literacy zuverlässig beurteilen zu können, ist es notwendig, dass die pädagogische Fachkraft das Kind hinreichend gut kennt. Da es sich jeweils um autonom beobachtbare Erfahrungen bzw. Kompetenzen der Kinder handelt, ist es möglich, den Bogen allein zu bearbeiten oder aber arbeitsteilig von verschiedenen Fachkräften erfassen zu lassen. Außerdem sind dadurch Beobachtungen zu verschiedenen Zeitpunkten und die Dokumentation in dem Bogen z. B. mit einer anderen Farbgebung möglich, sodass eine Lernentwicklung abgebildet werden kann.

Tab. 3: Beobachtungsbereiche des Seldak (Ulich / Mayr 2006)

Teil 1 – Sprachrelevante Situationen: Aktivität und Kompetenzen	**Teil 2 – Sprachliche Kompetenzen im engeren Sinn**
– Gesprächsrunden / Gruppendiskussionen	– Verstehen von Handlungsaufträgen / Aufforderungen
– Bilderbuchbetrachtung als pädagogisches Angebot in der Kleingruppe oder in der Zweiersituation (Bezugsperson – Kind) – Vorlesen / Erzählen als pädagogisches Angebot in der Kleingruppe – Selbstständiger Umgang mit Bilderbüchern (vom Kind ausgehend) – Kinder als Erzähler (in der Gruppe, in Zweiersituationen); Kinder erzählen eigene Erlebnisse, eine Geschichte, ein Märchen – Kommunikatives Verhalten in Gesprächssituationen – Lausch- und Reimspiele – Schreiben / Schrift	– Wortschatz – Grammatik, Morphologie, Syntax – Dialekt – Hochdeutsch – Sprechweise – Sätze nachsprechen

Aufwand

Während einige Bereiche leicht einzuschätzen sind, wenn man das Kind bereits eine Weile kennt, empfiehlt sich bei anderen Bereichen eine längere Phase wiederholter Beobachtung definierter Situationen. Teilweise ist das gezielte Herstellen verschiedener Situationen notwendig, um z. B. die Erzählkompetenz eines Kindes zuverlässig einschätzen zu können. Der Bogen umfasst neun Seiten und lässt sich durch Ankreuzen zeitökonomisch ausfüllen.

Nutzen

Mithilfe des Seldak ist sowohl eine Beobachtung im Bereich Sprache als auch im Bildungsbereich Literacy möglich. Am Ende des Bogens können die Fachkräfte das weitere Vorgehen bzw. vorläufige Ergebnisse notieren. Zusätzlich zum Bogen liegt ein zweiteiliges Begleitheft vor. Teil 1 enthält eine Einführung in die theoretischen Grundlagen und die Konzeption des Bogens, praktische Hinweise zum Einsatz sowie die Anleitung für die qualitative und quantitative Auswertung; Teil 2 gibt vielfältige Anregungen zur Förderung von Literacy im Kindergartenalltag.

Sprachverhalten und Interesse an Sprache bei Migrantenkindern in Kindertageseinrichtungen – Sismik:
Ähnlich wie das Beobachtungsverfahren Seldak ist auch Sismik (Ulich / Mayr 2003) für die systematische Erfassung und Dokumentation der Sprach- und Literacyentwicklung konzipiert. Der Aufmerksamkeitsfokus der pädagogischen Fachkraft richtet sich jedoch explizit auf mehrsprachig aufwachsende Kinder im Alter von 3;5 Jahren bis zum Schuleintritt.

Beobachtungsbereiche

Insgesamt werden vier Beobachtungsbereiche unterschieden, um die bereits vorhandenen Kompetenzen der Kinder zu erfassen:

- **Teil 1: Sprachverhalten in sprachrelevanten Situationen** Z.B. am Frühstückstisch, in Gesprächsrunden, beim Einzelgespräch mit pädagogischen Bezugspersonen, bei Rollenspielen, beim Vorlesen, beim freien Umgang des Kindes mit Bilderbüchern, in der Begegnung mit Schrift, bei Sprachspielen oder bei Begegnungen mit anderen Sprachen
- **Teil 2: Sprachliche Kompetenz im engeren Sinn (deutsch)**
  Z.B. Fragen zum Sprachverständnis, zur Artikulation, zum Wortschatz, zu Satzbau bzw. Grammatik
- **Teil 3: Familiensprache des Kindes**
  Umgang des Kindes mit seiner Familiensprache in der Einrichtung, Einschätzung des Sprachstandes aus Sicht der Eltern und anderer Erwachsener mit derselben Familiensprache
- **Teil 4: Familie des Kindes**
  Lebenssituation / Sprachpraxis in der Familie, Familie in der Beziehung zur Einrichtung

Einsatzmöglichkeiten

Der Beobachtungsbogen ist zum einen zur Erfassung und Dokumentation des Sprachstandes und der Sprachentwicklung gedacht, zum anderen soll er zur Reflexion und Weiterbildung des pädagogischen Angebots anregen. Die Bearbeitung kann, ähnlich wie beim Seldak, von einer Fachperson oder mehreren ausgefüllt werden. Ebenso ist die Bearbeitung zu verschiedenen Zeitpunkten möglich.

Aufwand

Der eigentliche Beobachtungsbogen umfasst neun Seiten, die Antworten müssen lediglich angekreuzt werden, was eine sehr zeitökonomische Bearbeitung ermöglicht. Bei den Teilen 3 und 4 ist ein Gespräch mit den Eltern für die Beantwortung einzelner Fragen mitunter erforderlich.

Nutzen

Wie auch beim Seldak ist eine Beobachtung sowohl der sprachlichen

Kompetenzen als auch der kindlichen Fähigkeiten im Bereich Literacy möglich. Außerdem werden die Familiensprache und das Lebensumfeld des Kindes in den Blickpunkt genommen, wenn auch nur vergleichsweise kurz; am Ende des Bogens kann das weitere Vorgehen vermerkt werden. Das Begleitheft zum Verfahren ist recht umfangreich und umfasst folgende Aspekte: Konzeption des Bogens, praktische Hinweise für das Vorgehen bei der Beobachtung, verschiedene Ebenen der Nutzung (z. B. Reflexion des pädagogischen Angebots, Zusammenarbeit im Team), Anleitung für die qualitative und quantitative Auswertung des Bogens (mit Fallbeispielen) und Literaturhinweise für die Förderung.

Eine übersichtliche Darstellung von insgesamt 23 Beobachtungsverfahren für Kinder im Kindergartenalter mit Informationen sowohl zu den Möglichkeiten als auch Grenzen der Verfahren nach den Schwerpunkten „Entwicklung und Bildung allgemein", „Sprache und Literacy", „Motorik und Wahrnehmung" sowie „sozial-emotionale Entwicklung", bietet folgendes Buch: Beudels, W., Haderlein, R. (2012). Handbuch Beobachtungsverfahren in Kindertageseinrichtungen. Borgmann Media, Dortmund

4.1.3 Elizitation

Elizitation bedeutet direkt übersetzt Auslösen oder Hervorlocken. Mit Elizitationsverfahren können kindliche Verhaltensweisen oder Leistungen in einzelnen Sprachkomponenten gezielt erfasst werden, die Kinder im Alltag nur gelegentlich oder spontan überhaupt nicht zeigen.

Die Bandbreite der Elizitationsverfahren reicht von standardisierten Verfahren, wie Tests und Screenings, bis hin zu informellen Verfahren.

Standardisierte Tests

Die Zahl der standardisierten Tests zur Erfassung des Spracherwerbsstandes im Deutschen ist überschaubar. Dennoch hat in den letzten drei Jahrzehnten die Anzahl der wissenschaftlich fundierten Verfahren, die den Hautgütekriterien Objektivität, Reliabilität und Validität entsprechen, entscheidend zugenommen.

Hauptgütekriterien

- **Objektivität**: Der Grad, in dem die Durchführung, Auswertung und die Interpretation eines diagnostischen Verfahrens von der ausführenden Person unabhängig ist. Objektivität kann durch genaue Beschreibungen im Manual sichergestellt werden. Die Übereinstimmung der Testleiter sollte in Durchführung und Auswertung möglichst nahe bei 100% liegen, in der Interpretation über 90%.
- **Reliabilität**: Die Reliabilität oder Zuverlässigkeit eines diagnostischen Verfahrens ist gegeben, wenn es unabhängig von Situationseinflüssen zu zwei verschiedenen Testzeitpunkten (Test-Retest-Reliabilität) dieselbe Leistung misst. Eine Übereinstimmung der Ergebnisse von 80 bis 90% ist als gut zu bezeichnen. Bei Entwicklungstests, bei denen diese per definitionem gering ausfällt, wird häufig die innere Konsistenz (Cronbach's Alpha) als Maß der Reliabilität angegeben. Diese bezeichnet das Ausmaß, in dem die Aufgaben einer Skala dasselbe messen. Alpha-Werte größer als 0,7 werden als akzeptabel betrachtet, ab 0,8 spricht man von guter innerer Konsistenz.
- **Validität**: Die Validität oder Gültigkeit gibt an, wie gut ein diagnostisches Verfahren das Merkmal misst, das es zu messen intendiert.
  - *Inhalts- oder Augenscheinvalidität* ist z.B. gegeben, wenn ein Sprachverständnistest das Sprachverstehen und nicht das Weltwissen prüft.
  - *Konstruktvalidität* liegt vor, wenn das Verfahren eng mit solchen Verfahren zusammenhängt, die die gleichen oder ähnliche Merkmale erfassen (z.B. Untertests von zwei Sprachtests), und keine Beziehung zu den Verfahren aufweist, die andere Merkmalsbereiche erfassen (z.B. Untertests eines Sprachtests mit denen eines mathematischen Tests).

Sie sollen Merkmale oder Eigenschaften messen, die nicht direkt beobachtbar sind, wie z.B. das Sprachverständnis oder die Kapazität des phonologischen Arbeitsgedächtnisses. Bei der Testdurchführung werden Aufgaben vorgegeben, die die Fähigkeit direkt erfassen. Die Aufgabenlösung lässt Rückschlüsse auf die Ausprägung der Fähigkeit bei der getesteten Person zu. Würde ein Kind z.B. alle Aufgaben eines Sprachverständnistests lösen, könnte daraus geschlossen werden, dass es keine Sprachverständnisprobleme zeigt.

Tabelle 4 gibt eine Übersicht der vorliegenden standardisierten Sprachtests, die im Vorschulalter einsetzbar sind.

Tab. 4: Verfahren zur Erfassung des Sprachentwicklungsstandes und der Vorläufer für den Schriftspracherwerb im Vorschulalter

Verfahren	Zielgruppe	Bereiche; Dauer	Gütekriterien; Normen
sprachkomponentenübergreifende Tests			
SETK-2 (Grimm 2000)	Kinder im Altersbereich von 2;0–2;11 Jahren	– Sprachverständnis und -produktion auf Wort- und Satzebene – Dauer: ca. 20 Min.	– Objektivität: hoch – innere Konsistenzen: α =.28 (Verstehen I), α =.70 (Verstehen II), α =.88 (Produktion I); α =.95 (Produktion II) – empirische Studien zur prognostischen Validität – T-Wert-Normen (Mittelwert: 50, Normbereich: 40 bis 60)
SETK 3–5 (Grimm 2010)	Kinder im Altersbereich von 3;0–5;11 Jahren	– rezeptive und produktive Sprachverarbeitung, auditives Gedächtnis – Dauer: 20–30 Min.	– Objektivität: hoch – innere Konsistenz: α =.62 bis.89 – Konstrukt- und Kriteriumsvalidität nachgewiesen; – empirische Studien zur prognostischen Validität – T-Wert-Normen
HSET (Grimm/Schöler 1991)	Kinder im Altersbereich von 3;0–8;11 Jahren	– rezeptive und produktive Fähigkeiten in syntaktischen, morphologischen, semantischen und pragmatischen Sprachbereichen – Dauer: 40–80 Min. (je nach Altersbereich)	– Objektivität: hoch – innere Konsistenz: α =.74 bis.95; Gesamttest: α =.98 – empirische Studien zur prognostischen Validität – T-Wert-Normen und Prozentränge
KISTE (Häuser et al. 1994)	Kinder im Altersbereich von 3;3–6;11 Jahren	– grammatische, semantische und kommunikative Sprachfähigkeiten – Dauer: 35–50 Min.; bis 70 Min. bei spracherwerbsgestörten und geistig retardierten Kindern	– Objektivität: hoch – innere Konsistenz: α =.72 bis α =.90 – faktorielle und externe Validität nachgewiesen – C-Wert-Normen

Verfahren	Zielgruppe	Bereiche; Dauer	Gütekriterien; Normen
sprachkomponentenspezifische Tests			
(D)LBT (Fried 1980a)	Kinder im Altersbereich von 4;0–6;11 Jahren	– Lautbildungsleistung in verschiedenen Lautbereichen – Dauer: 5 Minuten (LBT, Kurzform); 12 Minuten (DLBT)	– Objektivität: gut – Retest-Reliabilität: r =.85 (N = 240) – logische Gültigkeit und Konstruktvalidität nachgewiesen – Prozentränge
(D)LUT (Fried 1980b)		– Lautunterscheidung in verschiedenen Lautbereichen, Eignung auch als Gruppentest – Dauer: 12 Minuten (LUT); 25 Minuten (DLUT); 7-minütiges Einübungsprogramm	– Objektivität: gut – geringe Retest-Reliabilität aufgrund situativer Faktoren und Übungseffekten – Inhalts- bzw. Augenscheinvalidität wird als gegeben angenommen – Prozentränge
AWST-R (Kiese-Himmel 2005)	Kinder im Altersbereich von 3;0–5;5 Jahren	– aktiver Wortschatz – Dauer: ca. 15 Min.	– Objektivität: hoch – Reliabilität: – Split-Half: r =.86; α =.88; Retest-Reliabilität: r =.87 – externe, interne und Kriteriumsvalidität, Konstruktvalidität gegeben, multipler Validitätskoeffizient – T-Wert-Normen und Prozentränge
Teddy-Test (Friedrich 1998)	dreijährige Kinder	– Sprechfreudigkeit und verbale Verfügbarkeit semantischer Relationen; kognitive Leistungen – Dauer: 20–30 Min.	– Objektivität: hoch – Reliabilität: r =.87 bis.97 (Split-Half-R. und innere Konsistenz); Retest-Reliabilität: r =.91 (standardisierte Befragung) – prognostische und differenzielle Validität nachgewiesen – C-Wert-Normen

Verfahren	Zielgruppe	Bereiche; Dauer	Gütekriterien; Normen
MSVK (Elben/Lohaus 2000)	Kinder ab 5 Jahren sowie Erstklässler	– rezeptive Fähigkeiten in syntaktischen, semantischen und pragmatischen Sprachbereichen – Dauer: ca. 30–45 Min.	– Objektivität: gut – Retest-Reliabilität zw. r =.35 bis r =.88; Gesamttest: r =.67; – innere Konsistenz: α =.51 bis.82; Gesamttest: α =.89 – Konstrukt- und Kriteriumsvalidität nachgewiesen – T-Wert-Normen und Prozentränge
Erzähl- und Lesekompetenz			
EuLe 3–5 (Meindl/Jungmann, in Vorb.)	Kinder im Altersbereich von 3;0 – 5;11 Jahren	– Erzählkompetenzen, Schriftwissen, Wort- und Schriftbewusstheit, Buchstabenkenntnis – Dauer: ca. 10 Minuten	– Normierung und Standardisierung läuft derzeit; Ergebnisse der Pilotstudie (N = 213): – innere Konsistenzen zwischen α =.72 bis α =.85; Gesamttest: α =.90 – Konstruktvalidität nachgewiesen – Z- und T-Äquivalenznormen und Prozentränge; angestrebt: T-Wert-Normierung

Zur Erfassung der Vorläuferfähigkeiten des Schriftspracherwerbs (Early Literacy) existieren bisher lediglich Screenings (vgl. Tabelle 5), das standardisierte Testverfahren Erfassen von Lese- und Erzählkompetenzen EuLe 3–5 (Meindl/Jungmann, in Vorb.) befindet sich derzeit in Vorbereitung. Dieses wird ebenso wie der Sprachentwicklungstest für drei- bis fünfjährige Kinder (SETK 3–5, Grimm 2010) im Folgenden ausführlicher dargestellt.

Sprachentwicklungstest für drei- bis fünfjährige Kinder – SETK 3–5: Der SETK 3–5 (Grimm 2010) ist ein theoretisch fundierter, sehr gut etablierter Einzeltest.

Untertests

Neben dem Sprachverständnis und der Sprachproduktion werden auch die Sprachgedächtnisleistungen erfasst.

- **Sprachverständnis:** Im Untertest *Verstehen von Sätzen (VS)* werden den Kinder im Altersbereich 3;0 bis 3;11 Jahren Bildkarten gezeigt, die Sätzen unterschiedlicher Komplexität entsprechen. Das Kind soll aus insgesamt vier Bildern, davon drei Ablenker (Distraktoren), das Zielitem auswählen (z.B. „Der Mann kocht.“; „Der Stift ist in der Tasse.“).

Bei den Kindern im Altersbereich von 4;0 bis 5;11 Jahren wird das Sprachverständnis über Manipulationsaufgaben erfasst. Dazu liegen insgesamt drei Spielzeugsets vor, mit denen das Kind Aufforderungen des Testleiters in Handlung umsetzen soll (z. B. Set 1: Sack, kurzer roter, langer blauer Stift „Zeige mir, der blaue Stift liegt unter dem Sack." oder „Bevor Du mir den Sack gibst, nimm alle Stifte heraus.").

- **Sprachproduktion:** Die produktiven Sprachfähigkeiten werden bei den Kindern im Altersbereich von 3;0 bis 3;11 Jahren über den Untertest *Enkodieren semantischer Relationen (ESR)* und *Morphologische Regelbildung (MR)* erfasst. In beiden Untertests wird wiederum mit Bildkarten gearbeitet. Beim ESR besteht die Aufgabe des Kindes darin, Zielsätze steigender Komplexität zu produzieren, die durch ein gezeigtes Bild und die Aufforderung „Was siehst Du auf diesem Bild?" elizitiert werden (z. B. „Der Elefant springt durch den Reifen." oder „Der Hase sitzt auf der Rutsche.").
  Beim Untertest *Morphologische Regelbildung (MR)* besteht die Aufgabe des Kindes darin, nach vorgegebener Singularform eines Nomens die korrekte Pluralform zu markieren. Während bei den jüngeren Kindern nur reale Wörter zum Einsatz kommen, werden den älteren Kindern auch Kunstwörter präsentiert (z. B. „Hier siehst Du einen Fisch. Und hier sind es schon mehrere. Hier sind es viele ... (Fische)". „Hier siehst Du eine Plarte. Und hier sind es schon mehrere. Hier sind es viele ... (Plarten)".)

- **Sprachgedächtnis:** Die Untertests *Phonologisches Arbeitsgedächtnis für Nichtwörter (PGN)*, *Gedächtnisspanne für Wortfolgen (GW)* und *Satzgedächtnis (SG)* dienen der Erfassung der Sprachgedächtnisleistungen, wobei die letzteren beiden Untertests nur im Altersbereich 4;0 bis 5;11 Jahren zum Einsatz kommen. Bei den verwendeten Nichtwörtern handelt sich um Pseudowörter. Diese Wörter folgen den phonotaktischen und orthografischen Regeln der Erstsprache Deutsch (z. B. Maluk, Krapselistong), haben aber keine Bedeutung im mentalen Lexikon. Allen Untertests ist gemeinsam, dass das Kind Kunstwörter (z. B. Billop, Krapselistong) Wortfolgen bzw. Sätze unterschiedlicher Schwierigkeit nachsprechen soll.

Normen

Bis auf den Untertest *Gedächtnisspanne für Wortfolgen (GW)* sind alle Untertests des SETK 3–5 T-Wert normiert. Dabei markieren T-Werte zwischen 40 und 60 den Normalbereich, T-Werte unter 40 deuten auf unterdurchschnittliche Leistungen und damit einen Förderbedarf hin, T-Werte über 60 verweisen auf überdurchschnittliche sprachliche Fähigkeiten in den entsprechenden Bereichen. Da die vorliegenden Normen aus dem Jahr 2001 stammen, findet derzeit eine Neunormierung des Tests statt.

Nutzen

Die Leistungen im sprachlichen Bereich können direkt zu auditiven Gedächtnisleistungen in Beziehung gesetzt werden. Die allgemeine Kurzzeitgedächtnisspanne, die mit dem Untertest GW erfasst wird, sollte mindestens drei unverbundene Einheiten umfassen, die in korrekter Reihenfolge wiedergegeben werden können. Wird dieser Wert unterschritten, ist davon auszugehen, dass eine Sprachentwicklungsstörung vorliegt.

Screening-Version

Im Alter von 3;0 bis 3;11 Jahren hat sich das unterdurchschnittliche Abschneiden in den Untertests *Phonologisches Arbeitsgedächtnis für Nichtwörter (PGN)* und *Morphologische Regelbildung (MR)* bzw. bei den Vier- und Fünfjährigen im Untertest *PGN* und im Untertest *Satzgedächtnis (SG)* als indikativ für eine Sprachentwicklungsstörung erwiesen. Daraus wurde eine Screening-Version des SETK 3–5 für das Vorschulalter entwickelt (SSV, Grimm et al. 2003).

Erfassung der Erzähl- und Lesekompetenzen bei drei- bis fünfjährigen Kindern – EuLe 3–5:

Einsatzbereich

Das Verfahren EuLe 3–5 (Meindl / Jungmann in Vorb.) ist ein Einzeltest zur Erfassung der frühen Erzähl- und Lesekompetenzen von Vorschulkindern. Ziel ist eine frühestmögliche Erkennung von Risikofaktoren für Schwierigkeiten in den ersten Phasen des Schriftspracherwerbs sowie der Prävention von Schulschwierigkeiten im Fach Deutsch der ersten und zweiten Klasse.

Skalen

EuLe 3–5 beinhaltet Skalen zur Erzählfähigkeit, zum Schriftwissen, zur Schrift- und Wortbewusstheit sowie zur Buchstabenkenntnis.

- Skala 1: Zur Einschätzung der diskursiv-narrativen Kompetenzen unter Berücksichtigung der sprachlichen Kompetenzen (Wortschatz, Aussprache) von Vorschulkindern wurde die Bildergeschichte „Teddy Theo“ entwickelt.

- Skala 2 und 3: Nachfolgend wird den Kindern dieselbe Bildergeschichte in Buchform vorgelegt und für die Fragen der Skala 2 zum Schriftwissen und der Skala 3 zur Wortbewusstheit genutzt. Diese wurden z.T. nach dem Vorbild des Preschool Word and Print Awareness Assessment (PWPA, Justice / Ezell 2001) entwickelt.

- Skalen 4 und 5: Die weiteren Skalen, Schriftbewusstheit und Buchstabenkenntnis, wurden nach dem Vorbild des im anglo-amerikanischen Sprachraum etablierten Test of Preschool Early Literacy (TOPEL, Lonigan et al. 2007) adaptiert.

Güte

Die innere Konsistenz des EuLe 3–5 wurde in einer Pilotstudie mit insgesamt n = 279 Kindern im Altersbereich von 3;0 bis 5;11 Jahren ermittelt. Mit Werten zwischen $\alpha = .72$ und $\alpha = .85$ ist sie als akzeptabel (Skala Schriftwissen, Wortbewusstheit und Buchstabenkenntnis) bis gut (Skala Erzählkompetenz und Schriftbewusstsein) zu bezeichnen. Für den Gesamttest liegt Cronbachs α bei .90. Gut interpretierbare, differenzielle Zusammenhangsmuster mit dem Sprachscreening für das Vorschulalter und den nonverbalen Untertests der Kaufman-Assessment Battery for Children (K-ABC, dt. Fassung Melchers / Preuß 2009) sprechen für eine gute Konstruktvalidität des EuLe 3–5.

Normen

Z- und T-Äquivalenznormen und Prozentränge wurden zunächst anhand der Stichprobe von n = 213 für 3- und 4-jährige Kinder ermittelt. Insgesamt wird eine Gesamtnormierungsstichprobe des EuLe 3–5 von über 400 Kindern im Alter zwischen 3 und 5 Jahren angestrebt.

Ökonomie

Das Verfahren ist in Durchführung (ca. 10 Min.) und Auswertung (ca. 5 Min.) ausgesprochen ökonomisch. Durch Ankreuzen und anschließende Addition der Rohwerte, die dann anhand der Normtabellen in T-Werte und Prozentränge transformierbar sind, ist die Auswertung einfach handhabbar.

Screenings

Während die meisten standardisierten Tests nur durch psychologische Fachkräfte angewendet werden dürfen, sind Siebverfahren oder Screenings für alle Berufsgruppen konzipiert, die mit Kindern in entsprechenden Altersbereichen arbeiten oder im Rahmen von flächendeckenden Untersuchungen (z. B. den ärztlichen Vorsorgeuntersuchungen U1 bis U9 oder bei der Einschulungsuntersuchung) zeitökonomisch Risikokinder für Sprach- und Schriftspracherwerbsauffälligkeiten identifizieren sollen.

INFO

Diagnostische Merkmale von Screening-Verfahren (Marx / Lenhard 2010)

- **Sensitivität:** Die Sensitivität gibt an, welcher Anteil an späteren Problemkindern durch das Screening als Risiko-Kinder identifiziert wurde. Wird die Sensitivität von 100% abgezogen, ergibt sich der Anteil an späteren Problemkindern, der „übersehen“ wurde („falsch Negative“). Dieser Anteil sollte bei einem guten Screening möglichst klein sein.

- **Spezifität:** Die Spezifität gibt an, welcher Anteil an später unauffälligen Kindern durch das Screening als unauffällig identifiziert wurde. Dieser Wert ist vorsichtig zu interpretieren, weil die meisten Kinder keine Risikokinder sind und daher eine hohe Spezifität zu erwarten ist.
- **Prädiktortrefferquote:** Der positive prädiktive Wert gibt an, mit welcher Wahrscheinlichkeit ein „Risikokind“ später tatsächlich Probleme bekommt, der negative prädiktive Wert gibt an, mit welcher Wahrscheinlichkeit ein „Nicht-Risikokind“ später tatsächlich von Problemen verschont bleibt.
- **RATZ-Index:** Mit dem RATZ-Index (**R**elativer **A**nstieg der **T**refferquote gegenüber der **Z**ufallstrefferquote) wird der Anstieg der Trefferquote gegenüber der Zufallstrefferquote nicht im Hinblick auf eine perfekte Klassifikation berechnet, sondern in Relation zur maximal möglichen Trefferquote. Die Werte variieren zwischen 0 (das Screening ist genauso gut wie der Zufall) bis 1. Werte ab 0,3 sind als leichte, Werte ab 0,6 als deutliche Verbesserung der Vorhersagegüte einzustufen. Negative Werte sind so zu interpretieren, dass eine völlig zufällige Aufteilung bessere Klassifikationsergebnisse erbringt als das Screening.

Kinder, die im Screening als spracherwerbsauffällig oder als Risikokinder für eine Lese-Rechtschreib-Störung identifiziert werden, sollten anschließend differenzierter mit einem der genannten oder beschriebenen Tests diagnostiziert und falls erforderlich, entsprechend gefördert werden. Tabelle 5 gibt einen Überblick der in Deutschland verfügbaren sprachspezifischen Screenings.

Informelle Verfahren

Informelle Verfahren sind zum Teil unveröffentlicht und haben häufig nur regionale Verbreitung gefunden. Sie sind im Vergleich zu standardisierten Tests weniger aufwändig in der Konstruktion, auf Eichung und Normierung wurde verzichtet, Angaben zur Durchführung, Auswertung und Interpretation sind oft nicht eindeutig. Im Folgenden wird exemplarisch der HAVAS 5 (Reich / Roth 2004) ausführlicher vorgestellt, bei dem der Sprachstand anhand des Erzählens einer kurzen Bildergeschichte erhoben wird.

Tab. 5: Screenings zur Identifikation von Risikokindern für Sprach- und Schriftspracherwerbsauffälligkeiten

Verfahren	Zielgruppe	Bereiche; Dauer	Gütekriterien; Normen
BISC (Jansen et al. 2002)	Vorschulkinder 10 bzw. 4 Monate vor Einschulung	– Pseudowörter-Nachsprechen, Reimen, Wort-Vergleich-Suchaufgabe, Laute-Assoziieren, Schnelles-Benennen-Farben bei schwarz-weiß Objekten und farbig inkongruenten Objekten, – Silben-Segmentieren, Laut-zu-Wort-Zuordnung – Dauer: 20–25 Min.	– Objektivität: hoch – Retest-Reliabilität: r =.82 – Konstruktvalidität gegeben, gute bis sehr gute Individualvorhersage von Problemen im Lesen und Rechtschreiben – Prozentränge
HASE (Brunner/Schöler 2008)	Kinder im Altersbereich von 4;6–6;11 Jahren; Einschulungsuntersuchung (U9)	– Wiedergeben von Zahlenfolgen (WZ): Prüfung der Hörmerkspanne, – Erkennen von Wortfamilien (EW): Prüfung der semantischen Strukturerfassung von Sprache, – Nachsprechen von Kunstwörtern (NK) und Nachsprechen von Sätzen (NS): Prüfung der Funktionstüchtigkeit des phonetischen Speichers – Dauer: als PC-Version ca. 10 Min.	– Objektivität: hoch – innere Konsistenz: α =.71 bis.83 – RATZ-Index: 39 bis 72 (prognostisch günstigstes Verfahren in diesem Bereich) – T-Wert- und C-Wert-Normen, Prozentränge
HVS (Brunner et al. 2001)	Kinder im Altersbereich von 5–7 Jahren; einzelne Untertests auch für vierjährige Kinder möglich	– auditive Merkspanne, expressive Anlautanalyse, Silben segmentieren, phonematische Differenzierung, Artikulomotorik, Wortfamilien erkennen, Reimwörter erkennen – Dauer: in der PC-Version ca. 17 Min., in der Papier-und-Bleistift-Version ca. 25 Min.	– Objektivität: gut – innere Konsistenz: α =.63 bis.91. – Kriteriumsvalidität bestätigt, prognostische Validität für Lese-Rechtschreibleistungen in der 2. Klasse – T-Wert-Normen, Prozentränge

Verfahren	Zielgruppe	Bereiche; Dauer	Gütekriterien; Normen
SSV (Grimm / Aktas / Kiesig 2003)	Kinder im Altersbereich von 3;0–5;11 Jahren	– Dreijährige: Phonologisches Arbeitsgedächtnis für Nichtwörter (PGN) und Morphologische Regelbildung (MR); Vierjährige: Phonologisches Arbeitsgedächtnis für Nichtwörter (PGN) und Satzgedächtnis (SG) – Dauer: ca. 10 Min.	– Objektivität: ja – innere Konsistenz: α =.62 bis α =.89. – Korrelationen mit dem SETK 3–5-Gesamttest: r =.83 bzw. r =.89 – Sensitivität: 80 %; Spezifität: 97 % – T-Wert-Normen, Prozentränge

Hamburger Verfahren zur Analyse des Sprachstands bei Fünfjährigen – HAVAS-5:

Das HAVAS 5 (Reich / Roth 2004) ist ein explizit für pädagogische Fachkräfte entwickeltes, profilanalytisches Verfahren.

Hintergrund

Die Autoren geben an, sich an der aktuellen Zweitspracherwerbsforschung zu orientieren, ohne sich konkret auf theoretische Erkenntnisse zu beziehen (Kany / Schöler 2010).

Zielgruppe

Beurteilt werden der lexikalische, morpho-syntaktische und pragmatische Spracherwerbsstand von Kindern, die Deutsch als Zweitsprache lernen. Es ist aber auch bei einsprachigen Kindern einsetzbar, die in ihrem Spracherwerb Auffälligkeiten aufweisen.

Analysebereiche

Insgesamt werden fünf Analysebereiche erfasst: *Aufgabenbewältigung, Bewältigung der Gesprächssituation, verbaler Wortschatz, Formen und Stellung des Verbs* sowie *Verbindung von Sätzen.* Zu jedem Bereich werden vertiefende Beobachtungen zur qualitativen Auswertung hinzugezogen, die jedoch nicht in die Bewertung einfließen.

Durchführung

Der Sprachstand wird in einer möglichst natürlichen und alltäglichen Situation erfasst. Die Aufgabe des Kindes besteht darin, anhand der sechsteiligen Bildergeschichte „Katze und Vogel“ selbstständig eine zusammenhängende Geschichte zu erzählen. Die pädagogische Fachkraft nimmt sich in der Erzählsituation zurück und greift nur bei Schwierigkeiten unterstützend ein. Die Äußerungen des Kindes werden auf Tonband aufgezeichnet und anschließend zu Auswertungszwecken transkribiert. Bei zweisprachigen Kindern können die Interviews in beiden Sprachen durchgeführt und vergleichend betrachtet werden (Kany / Schöler 2010). Voraussetzung für die Erfassung und Auswertung der Erstsprachkompetenz ist allerdings, dass die pädagogische Fachkraft die Muttersprache des Kindes beherrscht. Das HAVAS 5 liegt in der Sprache Deutsch und den in Deutschland am häufigsten gesprochenen Migrantensprachen Italienisch, Portugiesisch, Polnisch, Russisch, Spanisch und Türkisch vor.

Auswertung und Interpretation

Angaben zu kritischen Punktwerten werden im HAVAS 5 kaum gemacht. Der maximale Punktwert für *Aufgabenbewältigung* beträgt 36 Punkte. Die Hamburger Erprobungsgruppe, die sich aus ein- und zweisprachigen Kindern im Alter von vier bis sechs Jahren zusammensetzte, erzielte einen Durchschnittswert von 19 Punkten. Erreicht ein Kind einen Wert weit unter diesem Durchschnitt, wird dies als Hinweis auf eine mögliche Sprachverzögerung interpretiert (Reich / Roth 2004).

Für *Bewältigung der Gesprächssituation* wird kein kritischer Wert angegeben. Im Bereich *verbaler Wortschatz* erzielte die Erprobungsgruppe einen Durchschnittswert von 11,5 verschiedenen Verben. Eine deutlich unter diesem Wert liegende Anzahl weist auf einen geringen Wortschatz hin. Die letzten beiden Auswertungskategorien *Formen und Stellung des Verbs* sowie *Verbindung von Sätzen* enthalten dazu keine Angaben.

Risiken für die Objektivität

Von den Autoren wird eine Schulung empfohlen, dennoch sind viele pädagogische Fachkräfte mit der umfassenden Auswertung überfordert und verfügen nicht über die notwendigen linguistischen Kenntnisse zur Ergebnisinterpretation (Döll et al. 2009). Somit ist das Verfahren trotz Bewertungsvorgaben und Auswertungsbeispielen in hohem Maße anfällig für subjektive Bewertungen. Weiterhin finden sich abweichende Angaben zur Durchführung des Verfahrens, was zu Verunsicherungen der pädagogischen Fachkräfte führt (z. B. abweichende Abschlussfrage in der Sekundärliteratur bei Lengyel (2008, 262): statt „Warum weint die Katze?“ – wie in HAVAS 5 angegeben –, „Was würdest du tun, wenn du die Katze wärst?“).

Ökonomie

Die Durchführungszeit beträgt 5 bis maximal 10 Minuten. Die anschließende Auswertung von ca. 30 bis 45 Minuten wird von vielen pädagogischen Fachkräften als sehr aufwendig empfunden. An einer computergestützten Version des HAVAS 5 zur Erleichterung der Auswertung für Fachkräfte wird derzeit gearbeitet. Damit könnten auch mehrsprachige Interviews ausgewertet werden, ohne das ein Hinzuziehen entsprechend qualifizierten Fachpersonals notwendig ist (Döll et al. 2009).

4.2 Diagnose der Sprachförderkompetenz pädagogischer Fachkräfte

Einfluss pädagogischer Qualität

Die Forschung zeigt, dass die Qualität der pädagogischen Prozesse nachweislichen Einfluss auf die Entwicklung des Kindes hat. So verläuft die Sprachentwicklung von Kindern, die eine Tageseinrichtung von guter Qualität besuchten, günstiger als die Sprachentwicklung von Kindern, die weniger gute Einrichtungen besuchten. Der Entwicklungsunterschied kann bis zu einem Jahr betragen und ist noch am Ende des zweiten Schuljahres nachweisbar. Besonders für Kinder mit (Spracherwerbs-) Auffälligkeiten und Kinder mit mangelnder Sprachbeherrschung ist es wichtig, eine Einrichtung von guter Qualität zu besuchen (Kap. 2.3).

Kriterien für pädagogische Qualität
Pädagogische Qualität zeigt sich vor allem darin,
- wie mit den Kindern tatsächlich umgegangen wird,
- welche konkreten Erfahrungen sie machen und
- welche Anregungen und Unterstützungen Kinder für ihr augenblickliches Wohlbefinden und ihre weitere Entwicklung erhalten (Fried/Briedigkeit 2008, 12).

Professionalisierung

Im Mittelpunkt der Betrachtung für den Erfolg von Sprachförderung steht in der Professionalisierungsforschung die pädagogische Fachkraft selbst, denn sie ist ein wesentlicher Faktor für den Erfolg von Sprachfördermaßnahmen (Fried / Briedigkeit 2008).

> *„Sprachförderwirkungen hängen davon ab, wie kompetent die Erzieherin den Alltag im Kindergarten im Allgemeinen und für die Sprachförderung im Besonderen zu gestalten vermag“ (Fried/Briedigkeit 2008, 8).*

Sprachförderkompetenz

Wesentlich für den Erfolg von Sprachförderung ist demnach die Sprachförderkompetenz der Erzieherin. Sprachförderkompetenz bezeichnet die berufliche Handlungskompetenz von pädagogischen Professionellen im Bildungsbereich Sprache. Sprachförderkompetenz bedeutet

> *„ein Zusammenwirken von Wissen, Motiven und Können, das sich in erfolgreichem pädagogischen Handeln in spezifischen beruflichen Bereichen zeigt und weiterentwickelt“ (Fried/Briedigkeit 2008, 10).*

Dortmunder Ratingskala zur Erfassung sprachförderrelevanter Interaktionen – DO-RESI:
Ein wissenschaftlich fundiertes Verfahren zur Erfassung sprachförderrelevanter Interaktionen in der Kindertageseinrichtung, das als Selbst- und Teamqualifizierungsinstrument dienen soll, ist die DO-RESI (Fried / Briedigkeit 2008). In einer drei- bis vierstündigen Hospitation schätzen Beobachter die Interaktionen zwischen pädagogischer Fachkraft und einer Kindergruppe im Alter zwischen 3 und 6 Jahren in einer Kindertageseinrichtung ein.

Beobachtungsbereiche

Es werden sprachförderrelevante Prozesse auf den vier Ebenen oder Qualitätsdimensionen *Organisation, Beziehung, adaptive Unterstützung* und sprachlich-*kognitive* Herausforderung mit insgesamt 23 Items (Einschätzaufgaben) erfasst, die in **Tabelle 6** zusammengefasst sind.

Tab. 6: Die vier Qualitätsdimensionen von DO-RESI mit dazugehörigen Items (Fried / Briedigkeit 2008, 17)

Organisation	**Beziehung**
pädagogischer Überblick Planung, Routine Vorkehrungen für Kinder mit besonderem Sprachförderbedarf Sprachfördergewohnheiten Gesprächsförderung	Kontrolle Kongruenz empathisches Zuhören Nähe
Adaptive Unterstützung	**Sprachlich-kognitive Herausforderung**
Sensitivität Engagement Anregung Handlungen verbalisieren Verständnissicherung Informationen, Berichte einholen Instruktionswechsel Lernmöglichkeiten aufzeigen	Vielfalt des Wortschatzes grammatikalisch komplexer Input offene Fragen Themen benennen, entdecken Themen verbinden Zusammenhänge eines Themas klären, hinterfragen

Das Verhalten der pädagogischen Fachkraft wird nach der Hospitation für jedes Item in sieben Qualitätsstufen von „unzureichend" bis „exzellent" eingeschätzt und in einem Protokollbogen angekreuzt. Um die Einschätzung zu objektivieren, gibt es Indikatoren, die Interaktionsmerkmale beschreiben, die für die jeweilige Qualitätsstufe charakteristisch sind. Unabdingbar für die objektive Durchführung dieses Verfahrens sind ein vorgeschaltetes Training und die Erprobung in der Praxis. Um diesen Prozess zu üben und die Beobachterübereinstimmung zu optimieren (das Minimum an Übereinstimmung liegt bei 80 %), liegt dem Instrument eine DVD mit Beobachtungsaufgaben bei.

Einsatzmöglichkeiten

Einzel- oder Gruppentraining zur Selbst- und Teamqualifizierung für

- pädagogische Fachkräfte und Teams aus Kindertagestageseinrichtungen, die eine Selbstevaluation vorhaben;
- Fachkräfte, die eine externe Evaluation in Kindertageseinrichtungen vornehmen möchten (z. B. Fachberater, Lehrer, Wissenschaftler).

Nutzen

Mit der Dortmunder Ratingskala kann ein umfassendes Bild der Interaktionsqualität in der Einrichtung gewonnen werden. Die Schulung der eigenen Bewertungskompetenzen durch den Vergleich mit den Auswertungen des Autorenteams, die über die beiliegende DVD ermöglicht wird, ist besonders hervorzuheben. Weiterhin wird es durch Reflexionsübungen und Hinweise zu jeder Qualitätsdimension auf der DVD und im Buch möglich, sich praxisnah anhand von authentischen Situationen aus dem Kindergartenalltag in das Verfahren einzuarbeiten.

Aufwand

Es scheint im Alltag kaum realisierbar, dass in der Erprobungsphase möglichst zwei Beobachter dieselbe Erzieherin über den gesamten Zeitraum von mindestens drei Stunden in der Praxis beobachten und bewerten. Die retrospektive Einschätzung aller Items ist schwierig, da während der Hospitation lediglich Notizen erlaubt sind. Der Protokollbogen umfasst 23 Seiten, alle Indikatoren müssen bewertet werden, was sehr zeitintensiv ist. Schließlich bleibt anzumerken, dass die Frage nach den Konsequenzen, um anschließend positiv auf die Interaktionsqualität Einfluss zu nehmen, unbeantwortet bleibt.

Literacy und Sprache in Kindertageseinrichtungen – LiSKit:
Das Beobachtungsverfahren LiSKit (Mayr et al. 2012) ist ein Instrument für pädagogische Fachkräfte, um die Qualität sprachlicher Bildung in Kindertageseinrichtungen zu evaluieren und optimieren. Schwerpunkt der Beobachtung sind pädagogische Fachkräfte in der Arbeit mit Kindern im Alter von 3 bis 6 Jahren. Das 56-seitige Begleitheft zu den Bögen enthält Hinweise zu Aufbau, Konzeption und Nutzung des Bogens, Grundlagenwissen zur sprachlichen Bildung in Kindertageseinrichtungen, theoretische Hintergründe zu den einzelnen Themenbereichen und Bausteinen sowie Arbeitsschemata zur Qualitätsentwicklung im Hinblick auf Sprache und Literacy.

Ziele

Die Autoren des Verfahrens haben folgende Zielvorstellungen für die Arbeit mit LiSKit formuliert:

- Konkretisierung des ganzheitlichen Ansatzes sprachlicher Bildung
- Selbstevaluation der Sprachumwelt in der Einrichtung (Mit welchen Bereichen sind wir zufrieden? Wo besteht Optimierungsbedarf?)
- Sensibilisierung der Fachkräfte für sprachliche Anregungen in der Einrichtung
- Tipps für die Gestaltung einer optimalen Sprach- und Literacy-Umgebung

Beobachtungs-bereiche

Der 32-seitige Bogen umfasst fünf Bereiche (Tabelle 7), die wiederum in insgesamt 26 Bausteine unterteilt sind. Jeder der Bausteine kann für sich bearbeitet werden, sodass ein schrittweises Vorgehen möglich ist.

Tab. 7: Beobachtungsbereiche und Bausteine von LiSKit (Mayr et al. 2012)

Beobachtungsbereich	Bausteine
1. Ausstattung und Räumlichkeiten	Buchbereich / Raum für Bücher, Buchbestand, Medien und Technik für Kinder, Schreiben und Schriftkultur, Gesellschaftsspiele, Rollenspiele
2. Aktivitäten der Fachkraft	Gespräche mit Kindern, Anregung von Gesprächen unter Kindern, Lieder / Reime / Spiele, Bilderbuchbetrachtung / Vorlesen / Hörbücher, rund ums Buch, Schriftkultur / „Schreiben“ und „Lesen“ im Rollenspiel
3. Interaktion in ausgewählten Situationen	Bilderbuchbetrachtungen, Vorlesen, freie Gespräche in Gesprächsrunden, Gespräche bei naturwissenschaftlichen Themen / Projekten
4. Spracherfassung, Konzeption und Qualifizierung	Beobachtung und Dokumentation von Sprache & Literacy, Verankerung von Sprache & Literacy in der Einrichtung, Qualifizierung des pädagogischen Personals

Beobachtungsbereich	Bausteine
5. Zusammenarbeit und Vernetzung	Bildungs- und Erziehungspartnerschaft mit Eltern, Vernetzung beim Thema sprachliche Bildung, Vernetzung bei Kindern mit Problemen im sprachlichen Bereich

Einsatzmöglichkeiten

Das Verfahren kann sowohl zur internen als auch externen Evaluation genutzt werden. Dabei kann es von einzelnen oder von mehreren Fachkräften gemeinsam bearbeitet werden.

Nutzen

Mithilfe von LiSKit kann ein umfangreiches Bild über die Qualität der Kindertageseinrichtung sowohl für den Bereich Sprache und erstmals auch für die Dimension Literacy gewonnen werden. Positiv sind die weiterführenden Anregungen für die Umsetzung von Sprach- und Literacy-Förderung in die Praxis.

Aufwand

Da die Bögen variabel nach den individuellen zeitlichen Möglichkeiten und Interessen der Fachkräfte ausgefüllt werden können, ist die Bearbeitung gut in den pädagogischen Alltag integrierbar.

4.3 Sprachfördermaßnahmen

Die Notwendigkeit früher sprachlicher Förderung ist vor allem in Bezug auf Kinder mit Migrationshintergrund und Kinder, die in einem anregungsarmen Umfeld aufwachsen, unbestritten (Knapp et al. 2010). Entsprechend liegen zahlreiche Programme vor, die die sprachlichen Kompetenzen der Kinder gezielt, d.h. nach einem vorgegebenen Trainingsplan mit festem Material, fördern sollen.

additive Sprachförderung

Additive Sprachförderprogramme, die zumeist aus der Sprachdidaktik stammen, stellen Sprache als System in den Vordergrund. Die Bezeichnung als additiv geht darauf zurück, dass einzelne oder mehrere Sprachebenen (z.B. Wortschatz, Grammatik, phonologische Bewusstheit) systematisch nach einem festgelegten zeitlichen Ablaufplan mit vorgegebenem Material gefördert werden. Inhaltlich wird das Entdecken und Anwenden sprachlicher Regeln durch Imitation und Wiederholung sowie das Erkennen und Erlernen von sprachlichen Strukturen und Mustern fokussiert. Um einen spielerischen Regelerwerb zu gewährleisten, werden verschiedenste Materialien aus der Erlebniswelt der Kinder verwendet. Die systematische Förderung nach einem klaren theoretischen Konzept findet in der Regel in Kleingruppen statt.

Hauptzielgruppe der additiven Sprachförderung sind entsprechend die Kinder mit Auffälligkeiten in einem oder mehreren sprachlichen Bereichen.

Aber auch diejenigen Kinder, die in ihrer sprachlichen Entwicklung als „normal" eingeschätzt werden, benötigen tagtäglich die Möglichkeit, ihre Fähigkeiten zu erweitern, zu vertiefen und zu differenzieren (Prang 2001). Entsprechend nimmt die alltagsintegrierte Sprachförderung alle Kinder in den Blick. Alltagsintegrierte Sprachförderung ist elementarpädagogisch orientiert. Der Förderschwerpunkt liegt entsprechend auf den kommunikativen Fähigkeiten im Alltag, für die gemeinsames Erleben und emotionales Wohlbefinden des Kindes grundlegend sind. Für die Sprachförderung werden zumeist Spiele, Lieder, Bilderbücher und Reime eingesetzt, deren Erlernen und Gebrauch in den normalen Kindergartenalltag gut eingebettet werden können. Die Sprachproduktionen der pädagogischen Fachkräfte dienen als Sprachvorbild.

alltagsintegrierte Sprachförderung

In der interkulturellen Perspektive werden unter Berücksichtigung der Erstsprache diese beiden Hauptrichtungen miteinander verknüpft. Für die Identitätsentwicklung der Kinder wie auch für den Zweitspracherwerb wird die Erstsprache als zentraler Bestandteil gesehen.

interkulturelle Perspektive

Neben der sprachlichen Förderung, spielt die Förderung der Vorläuferfähigkeiten der Schriftsprache mit den metalinguistischen Kompetenzen und der phonologischen Bewusstheit eine wichtige Rolle in der Frühpädagogik. Hier dominieren vor allem additive Programme mit alltagsintegrierten Elementen. Zunehmend werden auch frühe Literacy-Fähigkeiten, wie die frühen Erzähl- und Lesekompetenzen, zumeist alltagsintegriert gefördert.

Vorläufer der Schriftsprache

Entsprechend der Einzelaktivitäten der Bundesländer ist das Spektrum von Sprachfördermaßnahmen breit. Es reicht von globalen, informellen Maßnahmenbündeln bis hin zu theoretisch fundierten, oft als bereichsspezifisch ausgewiesenen Programmen. Die Vielzahl an Maßnahmen und Konzepten, ihre Zielsetzungen, Inhalte und ihre Bedeutung für die kindliche Sprachentwicklung und Mehrsprachigkeit sind kaum noch überschaubar.

Eine Zusammenstellung wesentlicher Sprachförderprogramme, Verfahren und Maßnahmen aus dem Elementarbereich: Jampert, K., Best, P., Guadatiello, A., Holler, D., Zehnbauer, A., Sens, A. (2007): Schlüsselkompetenz Sprache: Sprachliche Bildung und Förderung im Kindergarten. Konzepte, Projekte, Maßnahmen. Verlag das Netz, Weimar/Berlin

4.3.1 Alltagsintegrierte Sprachförderung

Die alltagsintegrierte Sprachförderung hat mittlerweile Eingang in die Bildungskonzeptionen aller Bundesländer gefunden.

> *„Sprachförderung in Kindertageseinrichtungen sollte nicht als isoliertes Sprachtraining verstanden werden, sondern als eine gezielte Erweiterung der kindlichen Sprachkompetenzen durch sprachanregende Angebote im Alltag der Einrichtung" (Prang 2001).*

Grundlage einer solchen alltagsintegrierten Förderung bildet eine entsprechende Qualifikation der pädagogischen Fachkräfte. Als Praxisbeispiele werden im Folgenden das *Heidelberger Interaktionstraining für pädagogisches Fachpersonal zur Förderung ein- und mehrsprachiger Kinder* (HIT, Buschmann / Jooss 2010), das Programm des Deutschen Jugendinstituts *Kinder-Sprache stärken* (Jampert et al. 2009) sowie die *Alltagsintegrierte Sprachförderung für Kinder mit Migrationshintergrund* (Adler 2011) vorgestellt.

Heidelberger Interaktionstraining – HIT

Hintergrund und Zielgruppe

Das HIT (Buschmann / Jooss 2010) ist ein Interaktionstraining für die Zielgruppe der pädagogischen Fachkräfte im frühpädagogischen Bereich, das auf dem in Kapitel 5.2 ausführlicher dargestellten Heidelberger Elterntraining (Buschmann / Jooss 2007; Buschmann 2010) basiert. Es zielt auf eine Verbesserung der kindlichen Sprachlernmöglichkeiten in natürlichen Interaktionen im Alltag der Kindertageseinrichtung ab.

Nach den Ergebnissen der Studie von Girolametto et al. (2000) verwenden diese gerade im Umgang mit sprachlich auffälligen Kleinkindern (den bereits erwähnten späten Sprechern) einen eher ungünstigen Interaktionsstil, der durch viele Anweisungen und wenig sprachmodellierenden Input geprägt ist. Dadurch werden die Möglichkeiten der Kinder zur Wahrnehmung korrekter Sprachvorbilder sowie zum Erhalt korrektiver Rückmeldungen über ihr eigenes Sprechen eingeschränkt. Eine ähnlich große Herausforderung stellt der sprachliche Umgang mit Kleinkindern dar, die bisher nur wenig Kontakt mit der deutschen Sprache hatten und deshalb über einen geringen Wortschatz verfügen.

Ablauf und Inhalte

Das Training mit Supervision besteht aus sieben Einheiten. Neben einer Wissensvermittlung zu den Themen „Frühe Sprachentwicklung und deren Störungen" sowie „Mehrsprachigkeit" werden die pädagogischen

Fachkräfte an fünf Fortbildungstagen, die über mehrere Wochen verteilt sind, systematisch darin trainiert, eine sprachförderliche Grundhaltung einzunehmen. Ferner gilt es, ihr Sprachangebot so sensitiv wie möglich an die sprachlichen Fähigkeiten der Kinder anzupassen, sprachmodellierende Strategien anzuwenden und insbesondere alltägliche Situationen im Kita-Alltag effektiv für die Sprachförderung zu nutzen.

Methoden

Ein Schwerpunkt liegt dabei auf der Optimierung der Bilderbuchsituation. Die Vermittlung des Wissens erfolgt systematisch und unter aktivem Einbezug der Kompetenzen und Erfahrungen der pädagogischen Fachkräfte. Im Vordergrund stehen das gemeinsame Erarbeiten des Wissens und das intensive Üben sprachförderlicher Verhaltensweisen. Dies geschieht im Rahmen der Fortbildung in Form von Rollenspielen und erfolgt zwischen den Sitzungen mit den Kindern in der Einrichtung. Begleitend erfolgt die gemeinsame Videosupervision von in der Kindertageseinrichtung aufgezeichneten Bilderbuchsituationen. Dabei werden stets die wichtigsten Grundprinzipien sprachförderlicher Kommunikation berücksichtigt (Kap. 3.2).

INFO

Grundprinzipien sprachförderlicher Kommunikation (Buschmann/Jooss 2007)

- Auf die Höhe des Kindes begeben,
- direkte Zuwendung, Blickkontakt aufnehmen,
- abwarten, was das Kind sagen möchte,
- dem Kind aufmerksam und interessiert zuhören,
- beim Reden nicht unterbrechen,
- bestätigende Wiederholungen kindlicher Äußerungen,
- einfache, kurze Sätze verwenden,
- langsam, deutlich und mit guter Betonung sprechen,
- eigene Äußerungen wiederholen oder umformulieren,
- interessiertes Nachfragen unter Verwendung offener W-Fragen (Wie? Warum? Was?),
- Spaß am Sprechen vermitteln.

positive Evaluation

Erste Befunde einer Pilotstudie mit randomisiertem Prä-Posttest-Design zur Wirksamkeit des Trainings in Stuttgart und Heidelberg lassen auf eine Verbesserung der Sprachentwicklungsstände von Kindern im Alter von zwei bis drei Jahren schließen, deren Bezugserzieherinnen am HIT teilgenommen hatten. Diese Kinder wiesen drei Monate nach der Intervention einen größeren aktiven Wortschatz auf und zeigten im standardisierten

Sprachentwicklungstest bessere sprachproduktive Leistungen als diejenigen Kinder, deren Bezugserzieherinnen an einer konventionellen Kurzfortbildung teilgenommen hatten. Die Rate der Kinder, die mit zweieinhalb Jahren den Sprachrückstand kompensiert hatten und im weiteren Entwicklungsverlauf altersgemäße Sprachfähigkeiten zeigten, konnte im Vergleich zu einer herkömmlichen Fortbildung um das 2,3-fache erhöht werden. Da die Stichprobengröße mit N = 28 Kindern sehr klein ist, sind weitere randomisiert kontrollierte Studien mit einer größeren Anzahl von Kindern, insbesondere auch mehrsprachig aufwachsenden Kindern, geplant (Buschmann / Jooss 2011, 309).

DJI-Programm Kinder-Sprache stärken

Das wichtigste Ziel des Fortbildungskonzeptes des Deutschen Jugendinstituts ist ebenfalls die Sprachförderung aller Kinder in handlungsrelevanten Situationen.

Querschnittsaufgabe Sprachförderung

Dabei wird Sprachförderung als Querschnittsaufgabe in den Bildungsbereichen Bewegung, Musik, Naturwissenschaften und Mediennutzung betrachtet.

Bewegung und Sprache

Kinder erleben durch Bewegung körperlich und anschaulich, was Sprache ausdrückt, sodass sie ihren Wortschatz stabilisieren und erweitern können. Unter Verwendung anregender Materialien entstehen Bewegungsspiele, die kooperatives Handeln und gegenseitige Unterstützung erfordern. Mehrsprachig aufwachsende Kinder können sich mit ihren körperlichen Fähigkeiten kompetent einbringen, entdecken und Sprechanlässe nutzen. Dabei entwickeln sie in Verbindung mit ihren körperlichen Fähigkeiten einen differenzierten Wortschatz.

Musik und Sprache

Durch musikalische Aktivitäten wird den Kindern ein eigenes Ausdrucksmittel eröffnet, das eng mit der Sprache verbunden ist. Sie werden spielerisch bei der Entschlüsselung der Bedeutung von Klang, Betonung und Rhythmus unterstützt. Dies erleichtert ihnen den Zugang zu Wörtern und sprachlichen Formen. Insbesondere mehrsprachige Kinder erfassen über Lieder und Verse leichter den Klang und die Sprechweise der deutschen Sprache.

Naturwissenschaft und Sprache

Durch naturwissenschaftliche Aktivitäten setzen sich Kinder geistig mit der belebten und unbelebten Natur auseinander. Diese Auseinandersetzung erfordert das Stellen von Fragen, die Formulierung von Vermutungen, das Durchführen von Experimenten und das Schlussfolgern. Entsprechend bieten diese Aktivitäten zahlreiche Möglichkeiten, mit neuen Wortfeldern und grammatikalischen Formen zu experimentieren. Mehrsprachige Kinder erleben eine Betätigung, die ihren kognitiven Fähigkeiten entspricht, sie erhalten gleichzeitig wiederholte und gezielte Angebote grammatikalischer Strukturen.

Medien und Sprache

Aktive Medienarbeit bringt Kinder schließlich in den Dialog miteinander und animiert sie, mit Sprache zu planen. Kinder kommen ins Erzählen, ihre Vorstellungswelt wird bereichert, was zu einer Differenzierung ihres Wortschatzes führt. Mehrsprachige Kinder erhalten die Gelegenheit, sich mit ihren Erstsprachen „in Szene zu setzen", erleben sich als kompetent und gehen spielerisch mit Sprache und Ausdruck um.

Evaluation

Das Konzept „Kinder-Sprache stärken" wurde als Modellprojekt in elf Kindertagesstätten in sechs Bundesländern erprobt. Seit dem Jahr 2009 wird das Fortbildungskonzept „Kinder-Sprache stärken – die sprachliche Förderung in der Kita" des Deutschen Jugendinstitutes als Weiterbildungsangebot für pädagogische Fachkräfte, Fachberater und Tagespflegepersonen genutzt. Es umfasst insgesamt 160 Stunden, aufgeteilt in 120 Stunden Theorie und 40 Stunden Fachpraxisbegleitung. Befunde zur Effektivität des Fortbildungskonzeptes sind bisher allerdings nicht publiziert worden.

Alltagsintegrierte Sprachförderung für Kinder mit Migrationshintergrund

Die Notwendigkeit einer spezifischen alltagsintegrierten Sprachförderung für Kinder mit Migrationshintergrund ergibt sich aus der Tatsache, dass diese häufig als „Problemfälle" betrachtet werden. Aufgrund ihrer sprachlichen Schwierigkeiten werden diese Kinder überproportional häufiger als Gleichaltrige ohne Migrationshintergrund an Förderschulen verwiesen (Ehlich 2005). Viele Materialien zur Erfassung der sprachlichen Kompetenzen (z. B. der HAVAS 5, Reich / Roth 2004) und zur Sprachförderung von Kindern mit Migrationshintergrund sind aber erst für ein Alter ab fünf Jahren konzipiert. Die alltagsintegrierte Sprachförderung hat dagegen das Potenzial, Kinder mit dem Eintritt in den Kindergarten beim Erwerb ihrer Zweitsprache von Erzieherinnen professionell zu unterstützen, sodass diese bis zum Schuleintritt ein entsprechendes Fähigkeitsniveau erreicht haben, welches es ihnen erlaubt, am Regelschulunterricht ohne größere Probleme teilzunehmen. Ein solches spezifischeres Angebot bietet das Konzept von Adler (2011), dessen primäre Zielgruppe zwar Kinder mit Migrationshintergrund sind, das aber dennoch alle Kinder einer Kindertageseinrichtung einbezieht.

„Wichtig ist dabei, dass das Kind [mit Migrationshintergrund, Einfügung der Verfasser] niemals den Eindruck haben soll, dass die Muttersprache weniger bedeutsam als das Deutsche ist. Hier gilt es für alle Kinder, auch die mit deutscher Muttersprache, die Potenzen, die in einer interkulturellen Erziehung liegen, zu nutzen" (Adler, 2009, 4).

Hintergrund Das Konzept basiert auf dem Kompetenzentwicklungsmodell (KomMig) des Zweitspracherwerbs, das zwei perzeptive Phasen und sechs produktive Phasen vorsieht. Diese

„Phasen sind dabei jedoch nicht als Stufen zu verstehen, die nacheinander absolviert werden. Vielmehr entwickelt das Kind in jeder Phase spezielle Kompetenzen, die zum einen grundlegend für die nächsten Phasen sind und sich in den neu erwerbenden Fähigkeiten aufheben und weiterentwickeln" (Adler 2009, 7).

Damit dient das Modell einerseits der Einschätzung der Fähigkeiten beim Erwerb des Deutschen als Zweitsprache, andererseits als Orientierungsleitfaden zur Förderung der deutschen Sprache:

„Ausgehend von den Fähigkeiten der Kinder, kann die Förderung anhand der folgenden Entwicklungsaufgaben (Zone der nächsten Entwicklung) bewusst in Alltagshandlungen realisiert werden" (Adler 2009, 12).

Vorgehen Die pädagogischen Fachkräfte werden als kompetente Sprachpartner und wichtige Bezugspersonen zur Durchführung des Konzepts in einer eigens entwickelten Weiterbildung hinsichtlich der Besonderheiten des Zweitspracherwerbs Deutsch sowie ihrer eigenen sprachförderlichen Fähigkeiten geschult. Die Weiterbildung mit Praxisanteil und Supervision besteht aus sieben Einheiten und wird als berufsbegleitende Weiterbildung angeboten.

3 Phasen Sie gliedert sich dabei in drei Phasen:

- Erwerb der theoretischen Grundlagen zum Zweitspracherwerbsprozess,
- Coaching zum sprachförderlichen Verhalten in Alltagssituationen und zum Erkennen und Nutzen von Fördermöglichkeiten der Sprachförderung im Kita-Alltag,

- Vertiefung der erworbenen Kenntnisse, gemeinsame Suche nach Möglichkeiten einer qualitativ besseren Gestaltung des Alltags der Kinder und der Ermöglichung von Lernprozessen (Praxisphase).

Evaluation

Das Projekt wurde im Zeitraum von 2006 bis 2009 in 13 Kindertagesstätten in Rostock, Wismar und Ribnitz-Damgarten mit insgesamt 76 Fachkräften und 79 Kindern erprobt. Laut Abschlussbericht (Adler 2009) betrug der Anteil von Kindern mit Migrationshintergrund in der Erprobungsstudie 59,5 % (47 von 79 Kindern). Es konnten verschiedene Einflussfaktoren identifiziert werden, die die Qualität des sprachförderlichen Verhaltens positiv beeinflussen (u. a. gemeinsame Supervision im Team, möglichst viele praktische Erfahrungen im Umgang mit der Selbstreflexion und das Wissen über geeignete Sprachlehrstrategien und ihre Anwendung, regelmäßige Beobachtung und Dokumentation der kindlichen Entwicklungsprozesse).

Literacy-Förderung in Kindertageseinrichtungen

alltagsintegrierte Förderung

Die Förderung von frühen literalen Fähigkeiten bei Kindergartenkindern findet meist alltagsintegriert statt. Kinder, die ein Interesse an Schrift und Büchern entwickelt haben, werden aufmerksam auf die vielfältigen Symbole und Schriftzeichen in ihrer Umwelt. Kinder, die den Zugang zur Schrift bislang noch nicht gefunden haben, brauchen deshalb eine anregungsreiche Umgebung und pädagogische Fachkräfte, die sie beim Entdecken unterstützen, indem sie den Umgang mit Schrift vorleben und literale Angebote schaffen, die ihr Interesse wecken.

Möglichkeiten der Literacy-Förderung

Es gibt eine Vielzahl an Möglichkeiten, um Literacy zu fördern, die wohl bekannteste und am besten erforschte, ist das dialogische Bilderbuchlesen (Kap. 3.2.2). Weitere Angebote an die Kinder können folgende sein (Füssenich / Geisel 2008, 35 ff.):

Gestaltung der Räumlichkeiten

- Bereitstellen einer gemütlichen Leseecke
- Einrichtung einer Schreibecke mit unterschiedlichen Materialien wie Papier, Stifte, Schere, Locher, Lineal, Radiergummi, eigene Notizbücher
- unterschiedliche Medien zur Verfügung stellen, z. B. Bücher, Gebrauchsanweisungen, Zeitungen, Zeitschriften, Straßenkarten, Hörspiele

- schriftsprachliches Material für Rollenspiele, z. B. Einkaufszettel für das Spiel mit dem Kaufmannsladen oder Rezepte für Arzt- oder Apothekerspiele

- Beschriftung der Räumlichkeiten (in Großbuchstaben), z. B. Regale und Behälter beschriften, so dass zu sehen ist, was sich darin befindet; Schilder mit Symbolen und Schrift versehen, damit die Funktion des Raumes deutlich wird (Toilette, Küche); Namen an den Garderobenhaken

- Beobachtung der pädagogischen Fachkraft bei Schreibarbeiten oder beim Lesen ermöglichen

direkte Anregungen und Anleitungen

- **Dialogisches Bilderbuchlesen mit Schriftverweisen:** „Ich lese erst diese Seite und dann diese.", mit dem Finger die Zeile entlangfahren während des Lesens, Buchstaben benennen.

- **Kinderdiktat:** Kinder geben ihren Bildern einen Namen, der dann notiert wird; Bilderbücher ohne Text mit selbst ausgedachten Texten der Kinder versehen.

- **Erzählen fördern:** z. B. im Morgenkreis in Verbindung mit Ritualen, wie der Verwendung eines Erzählsteins.

- **Spielerischer Umgang mit Sprache:** Abzählverse, Fingerspiele, Reime, Wörter in Silben zerlegen u. a. zur Förderung der phonologischen Bewusstheit.

- **Zeichenjagd:** Symbole, Zeichen, Buchstaben in der Umgebung suchen und deren Bedeutung erklären. Dabei auch Zeichen aus anderen Kulturkreisen aufnehmen.

- **Spiel „Gezinktes Memory":** Dabei sind die Karten auf der Rückseite mit den entsprechenden Wörtern versehen, sodass Kinder entdecken, dass die Schrift Bedeutung hat und sie sich an ihr orientieren können, um erfolgreicher zu sein.

- **Verweise auf Schrift in den Alltag einbauen:** „Heute darf das Kind ein Spiel aussuchen, dessen Namen mit „S" beginnt". Darauf achten, dass der Laut und nicht der Buchstabenname genannt wird.

- **Erste Schreibversuche**: würdigen, ernst nehmen und nicht korrigieren.
- **Schreibanlässe schaffen:** Briefkasten aufstellen, Merkzettel beim Kim-Spiel schreiben, Beschreibung eines Versuchs im naturwissenschaftlichen Bildungsbereich, Wunschzettel, Arbeit am Computer.
- **Mehrsprachigkeit als Ansatz für das Reflektieren über (Schrift–)Sprache:** andere Schriftzeichen, mehrsprachige Bücher, Lieder in mehreren Sprachen z.B. Bruder Jakob.

Weitere praktische Beispiele zur Literacy-Förderung in der Kindertageseinrichtung sind auf der Internetseite des Staatsinstituts für Frühpädagogik (IFP) Bayern unter www.ifp.bayern.de/projekte/laufende/sprachberater.html#Praxisbeispiele (01.07.2013) zu finden oder auch im Begleitheft zum Beobachtungsbogen Seldak (Ulich / Mayr 2006).

4.3.2 Programme zur Sprach- und Literacy-Förderung

Im Folgenden wird mit „Wir verstehen uns gut“ (Schlösser 2007) ein überregional bekanntes Förderprogramm vorgestellt, das speziell für Kinder mit Migrationshintergrund im Vorschulbereich entwickelt wurde. Ergänzend zu den Programmen zur Förderung der gesprochenen Sprache werden mit dem Würzburger Trainingsprogramm Hören-Lauschen-Lernen (Küspert / Schneider 2008) und Hören-Lauschen-Lernen 2 (Plume / Schneider 2006) sowie dem kindergartenbasierten Programm „Lobo vom Globo“ (Fröhlich et al. 2009) Möglichkeiten zur Förderung der phonologischen Bewusstheit und somit zur Prävention von Lese-Rechtschreibschwierigkeiten vorgestellt.

Wir verstehen uns gut

Hintergrund

Es wird davon ausgegangen, dass „der Spracherwerb mit dem Tun – also den kindlichen Handlungsformen – eng verwoben [ist]“ (Schlösser 2007, 17). Von besonderer Bedeutung ist zudem das sprachliche Modellverhalten der Erzieherin bzw. des Erziehers, wobei die Wirkmechanismen unreflektiert bleiben (Kany 2007). Es werden Bezüge zur Transaktionsanalyse hergestellt, bei der die positiv geprägte und auf Akzeptanz beruhende

Beziehung zwischen Therapeut und Klient als wesentliches Element gesehen wird. Die sprachdidaktischen Hinweise sind an den Sprachbaum von Wendlandt (2011) angelehnt und bilden das Fundament der ganzheitlichen Förderung. Unter Bezugnahme auf die situationsorientierte Arbeit betont das Konzept die Einbeziehung aller am Entwicklungsprozess beteiligten Personen und Institutionen.

Zielgruppe

Hauptzielgruppe des Programms sind Kinder im letzten Kindergartenjahr, es eignet sich aber auch für jüngere Kinder (unter 5 Jahren), die dann die Möglichkeit haben, das Programm im Folgejahr als Vorschulkinder zu wiederholen sowie in den Eingewöhnungsphasen der Grundschule und im Schulkindergarten. Darüber hinaus finden sich im Programmhandbuch Anregungen für Hortgruppen und die Hausaufgabenbetreuung.

Förderschwerpunkt

Der Förderschwerpunkt ist die Sprachproduktion mit den Bereichen Wortschatz und Ausdrucksvermögen. Kinder nicht deutscher Erstsprache können ebenso wie Deutsch sprechende Kinder mit Entwicklungsbedarf im Grundwortschatz und in sprachlicher Ausdrucksfähigkeit mit dem Programm gefördert werden.

Ablauf

Die Sprachförderung sollte ein- bis zweimal wöchentlich jeweils 20 bis 30 Minuten in Kleingruppen von 8 bis 10 Kindern durchgeführt werden. Vor Beginn des Programms werden die sprachlichen Voraussetzungen der Kinder durch einen Aufnahmebogen sowie einen Sprachstandsbogen erfasst. Diese ersetzen allerdings keine umfassende Diagnostik. Je geringer die deutschen Sprachkenntnisse sind, desto kleiner sollte die Gruppe sein. Das Sprachförderprogramm wird durch die pädagogischen Fachkräfte der Einrichtung durchgeführt.

9 Bausteine

Das Programm besteht aus neun Bausteinen, die vom Einfachen zum Komplexen geordnet sind und sich an der Lebenswelt von Kindern orientieren: Ich, Du, Familie, Kindergarten, Schule, Stadtteil, Kranksein, Tiere und Formen / Farben / Mengen. Die Bausteine stellen den Rahmen verschiedener Sprachfördereinheiten dar, die themenbezogen sowie sprachdidaktisch aufbereitet sind.

Für Kinder mit nur geringen Sprachkenntnissen ist es wichtig, die Bausteine in der vorgegebenen Reihenfolge zu bearbeiten.

Je nach Bedarf können einzelne Bausteine auch situationsbedingt herausgegriffen werden; die sprachlichen Inhalte müssen dann jedoch unter Umständen modifiziert werden. Sprachlich konzentrieren sich die Arbeitseinheiten auf die thematisch eingebundene Erweiterung des Wortschatzes (lexikalische Fähigkeit).

Die einzelnen Sprachfördereinheiten sind wie folgt strukturiert:

Strukturierung

- Das **Sprachziel** hält die zu erlernenden Wörter und sprachlichen Elemente fest.
- Die **Methodik** erläutert die Art und Weise der Umsetzung der Sprachinhalte (Geschichten, Lieder, Gedichte, Fingerspiele, Abzählreime, Rollenspiele, Gesellschaftsspiele, Malen, Einzel- und Gruppengespräche und Erkundungen).
- Das **Konzept** zeigt Variationsmöglichkeiten der Umsetzung auf, die es mit gruppenspezifischen Hinweisen und mit sprachdidaktischen Erkenntnissen verbindet.
- Während der Aufgabenbearbeitung wird die **sprachliche Selbstanleitung** der Kinder durch die pädagogischen Fachkräfte verstärkt.
- Nach jeder durchgeführten Einheit kann ein **Reflexionsbogen** eingesetzt werden, der Aufschluss über die Weiterentwicklung einzelner Kinder und der Kindergartengruppe gibt und als Grundlage für den Austausch im Team und für Elterngespräche dient.

Kontrollierte Evaluationsstudien liegen bisher nicht vor. Die Reflexionsbögen sprechen aber für positive Effekte auf die Wortschatzentwicklung der Kinder.

Evaluation

Würzburger Trainingsprogramm Hören-Lauschen-Lernen und Hören-Lauschen-Lernen 2

Beim Würzburger Trainingsprogramm handelt es sich um die deutsche Adaptation eines schwedischen Vorschulprogramms, dessen Wirksamkeit bereits in den 1980er Jahren nachgewiesen wurde (Lundberg et al. 1988).

Hintergrund

Zur theoretischen Fundierung des Trainingsprogramms wird auf das Stufenmodell des Schriftspracherwerbs als Entwicklungsprozess nach Günther (1989) verwiesen, der als Vorläufer des Schriftspracherwerbs eine präliteral-symbolische Stufe postuliert. Günther geht in Anlehnung an die entwicklungspsychologischen Vorstellungen Piagets davon aus, dass sich das Symbolbewusstsein im Vorschulalter zunächst in allgemeiner Weise entwickelt und damit die Grundlage für die eigentliche Phase des Schriftspracherwerbs schafft. Für die Entwicklung schriftsprachlicher Fähigkeiten wird darüber hinaus das Konzept der phonologischen Bewusstheit im engeren und weiteren Sinne thematisiert.

Mit **phonologischer Bewusstheit** wird die metalinguistische Fähigkeit von Kindern bezeichnet, die lautliche Struktur der gesprochenen Sprache zu analysieren und zu manipulieren, ohne dabei auf die Bedeutung der Mitteilung einzugehen.

- **Phonologische Bewusstheit im weiteren Sinn** bezieht sich auf die Fähigkeit, Sprache in größere Einheiten wie Silben zu zerlegen oder zu reimen. Sie bildet sich im Kleinkindalter spontan ohne gezielte Instruktion aus.

- **Phonologische Bewusstheit im engeren Sinn** bezeichnet die Fähigkeit, Einzellaute in Wörtern zu erkennen. Sie entwickelt sich erst im Kontext schulischer Instruktion (Küspert 2007).

Zielgruppe

Das Würzburger Trainingsprogramm richtet sich im Allgemeinen an Kinder im letzten Kindergartenjahr und im Besonderen an Risikokinder für Lese-Rechtschreibschwierigkeiten. Für die Ermittlung von Risikokindern wird das Bielefelder Screening (BISC, Jansen et al. 2002, Kap. 4.1.3) vorgeschlagen. Eine generelle Erhebung des Sprachstandes der teilnehmenden Kinder wird jedoch nicht als zwingend erforderlich angesehen. Der Einsatz bei Kindern mit nicht deutscher Erstsprache ist möglich. Erste Befunde sprechen dafür, dass Kinder mit Deutsch als Zweitsprache auch von dem Training der phonologischen Bewusstheit profitieren können. Allerdings sind bei einzelnen Spielen zusätzliche Hilfen notwendig, um das grundsätzliche Verständnis der Aufgabenstellung zu sichern.

Rahmenbedingungen

Das Programm ist auf einen Zeitraum von mindestens 20 Wochen angelegt. Die Förderung der phonologischen Bewusstheit soll täglich 10 bis 20 Minuten in der Kindertagesstätte, aber außerhalb des Kindergartenalltags durchgeführt werden. Die Förderung der phonologischen Bewusstheit kann in Kleingruppen von fünf bis zehn Kindern stattfinden, optimal sind jedoch Kleingruppen von vier bis acht Kindern, da in größeren Gruppen nur schwer auf individuelle Schwierigkeiten eingegangen werden kann. Ein wesentliches Prinzip besteht darin, dass alle Kinder an allen Spielen beteiligt werden und sich das Lerntempo immer am schwächsten Kind orientiert. Das Würzburger Trainingsprogramm wird von Erzieherinnen der Kindertagesstätte durchgeführt und orientiert sich an den Arbeitsbüchern „Hören, lauschen, lernen“ (Küspert / Schneider 2008) und „Hören, lauschen, lernen 2“ (Plume / Schneider 2004). Eine Fortbildung ist nicht erforderlich, wird jedoch empfohlen.

Ziele

Programmziele sind

- die Förderung der deutschen Sprache,
- die Förderung des Schriftspracherwerbs,
- die Förderung grammatischer Lerninhalte und
- die Förderung sprachlicher Bewusstheit und Reflexion sprachlicher Regeln.

6 Bausteine

Das Programm setzt sich aus sechs Bausteinen zusammen, die inhaltlich aufeinander aufbauen, sukzessive in ihrem Schwierigkeitsniveau ansteigen und die zunehmend auf phonologische Bewusstheit im engeren Sinne abzielen. Jeder Baustein besteht aus einer Auswahl von sieben bis 15 Spielen.

Lauschspiele

Am Beginn des Trainings stehen die „Lauschspiele“. Sie sollen vor allem das Gehör der Kinder für Geräusche in ihrer Umgebung sensibilisieren.

Reimspiele

Auch die „Reimspiele“ sind bereits in der ersten Woche Trainingsinhalt, erstrecken sich aber im Vergleich zu den Lauschspielen über mehrere Wochen. Mithilfe der Reimaufgaben wird die Aufmerksamkeit der Kinder auf die Lautstruktur von Wörtern gelenkt, wodurch Parallelen in der Lautstruktur als sprachliches Prinzip erkannt und auf die Produktion von Reimen selbst angewendet werden.

Sätze und Wörter

Der Trainingsbaustein „Sätze und Wörter“ bildet den Schwerpunkt der dritten und vierten Trainingswoche. Die Kinder erfahren, dass sich Sprache in kleinere Einheiten zerlegen lässt bzw., dass sich Sprachteile zu größeren Einheiten verbinden lassen.

Silben

In der fünften und sechsten Trainingswoche wird der analytische und synthetische Umgang mit Sprache auf die Silbenebene übertragen. Durch Klatschübungen und rhythmisches Sprechen gelingt es Kindern zumeist problemlos, die akustische Einheit von Silben wahrzunehmen.

phonologische Bewusstheit im engeren Sinne

Im fünften Baustein „Anlauterkennung“ und im sechsten Baustein „Lautsynthese und -analyse“ wird die phonologische Bewusstheit im engeren Sinne trainiert. Dies fällt den Kindern erfahrungsgemäß schwerer, denn während das Zerlegen in Silben noch dem natürlichen Sprachrhythmus entspricht, ist der Umgang mit Einzellauten neu. Die Fähigkeit, einzelne Laute aus einem Wort herauszuhören oder mehrere Laute zu einem Wort zu verschmelzen, erwerben Kinder normalerweise erst, wenn sie bereits Schriftspracherfahrungen gemacht haben. Die Spiele zur Anlauterkennung beginnen in der siebten Woche und nehmen bis zum Ende des Trainings breiten Raum ein. Die Kinder lernen zunächst, den ersten Laut eines Wortes herauszuhören. Im nächsten Schritt sollen sie dann diesen Anlaut vom Rest des Wortes trennen, d. h. Anlaut und „Restwort" getrennt sprechen. Ab der elften Trainingswoche üben die Kinder, sich nicht nur auf den Anlaut, sondern auf alle Einzellaute innerhalb eines Wortes zu konzentrieren und deren Lautgrenzen bewusst wahrzunehmen. Sie lernen, Laute zu einem Wort zu verbinden oder Wörter in Einzellaute zu zerlegen. Dabei werden zur Veranschaulichung der Laute Bauklötze herangezogen.

HLL 2

Die Konzeption der Übungen zum „Hören, lauschen, lernen 2" entstand in Anlehnung an Ball und Blachman (1991). Ziel des Trainings ist es, die Fähigkeit zur Laut-Buchstabe-Zuordnung bei Vorschulkindern spielerisch aufzubauen.

Buchstabe-Laut-Geschichten

Insgesamt werden zwölf Buchstaben, deren Vorkommenshäufigkeit im Grundwortschatz der ersten Klasse am höchsten ist, anhand von „Buchstabe-Laut-Geschichten" eingeführt. Die Kinder werden dazu angeregt, auf ihre Mundstellung zu achten, wenn sie den Laut sagen und auch ihren Nachbarn dabei zu beobachten. Sie können Bildkarten mit dem eingeführten Buchstaben betrachten, auf speziell gestalteten Tastkärtchen erfühlen oder den Buchstaben nachturnen. Dieser zweite Programmteil ist problemlos in das bisherige Training der phonologischen Bewusstheit integrierbar. Ab der elften Woche kommen lediglich Übungen zur Buchstabe-Lautzuordnung hinzu.

Materialien

Alle Programmbausteine für das Gruppentraining und Anleitungen zu deren Durchführung sind den Arbeitsbüchern „Hören, lauschen, lernen: Sprachspiele für Kinder im Vorschulalter" (Küspert / Schneider 2008) und „Hören, lauschen, lernen 2: Spiele mit Buchstaben und Lauten für Kinder im Vorschulalter" (Plume / Schneider 2004) zu entnehmen.

Multimediaversion

Zusätzlich liegt eine Multimediaversion des Trainings vor (Küspert et al. 2001). Diese bietet Kindern, die mehrere Übungseinheiten versäumt haben, die Möglichkeit zum Nachholen der Lerninhalte. Auch Kinder mit größeren Lernschwierigkeiten können mithilfe des Computers unter Einbezug der Eltern intensiver gefördert werden. Die Multimediaversion ist jedoch nicht als Alternative zum Gruppentraining zu betrachten.

Evaluation

Mittlerweile gibt es drei große kontrollierte Evaluationsstudien mit längsschnittlichem Kontrollgruppendesign und Nachfolgeuntersuchungen zum Würzburger Trainingsprogramm.

anfallende Stichproben

Die ersten beiden Studien aus den Jahren 1991 bis 1994 (Schneider et al. 1994) sowie 1993 bis 1997 (Schneider et al. 1997) wurden jeweils mit anfallenden oder „unausgelesenen" Stichproben durchgeführt. Als anfallend oder „unausgelesenen" wird eine Stichprobe bezeichnet, wenn alle Kinder eines Kindergartens in die Untersuchung einbezogen werden, unabhängig davon, ob bei ihnen ein Risiko für spätere Probleme mit dem Lesen und Schreiben besteht oder nicht.

In den Nachtests stellt sich der erwartete Trainingseffekt auf die phonologische Bewusstheit und die positive Auswirkung auf das Lesen- und Schreiben im Vergleich zur nicht trainierten Kontrollgruppe nur dann ein, wenn das Training konsequent und bis zum Ende durchgeführt wurde und die Erzieherinnen gut supervidiert wurden.

Risikokinder und Trainingsvarianten

In der dritten Studie wurden erstmals speziell „Risikokinder" im Hinblick auf die spätere Lese-Rechtschreibentwicklung trainiert (Schneider et al. 2000), die zuvor durch das BISC identifiziert worden waren. In dieser Studie wurde auch die Effektivität dreier Trainingsvarianten (Training der phonologischen Bewusstheit vs. Buchstabe-Laut-Training vs. kombiniertes Training mit 75 % der phonologischen und 60 % der Buchstabe-Laut Einheiten) miteinander verglichen.

Die phonologische Bewusstheit der Risikokinder konnte durch das phonologische und das kombinierte Training sehr erfolgreich gefördert werden. Allerdings schnitt die „unausgelesene" Kontrollgruppe, die größtenteils aus Nicht-Risikokindern bestand, sowohl im Lesen als auch im Rechtschreiben am besten ab. Hinsichtlich des späteren Lesens und Schreibens profitierte die kombiniert trainierte Risikokinder-Gruppe am meisten.

Kinder mit Migrationshintergrund

Der erfolgreiche Einsatz des Präventionsprogramms bei Kindern mit Migrationshintergrund wird ebenfalls durch eine Längsschnittstudie belegt (Weber et al. 2007a). Kinder mit Migrationshintergrund zeigten im Vortest deutlich niedrigere Leistungen in der phonologischen Informationsverarbeitung als Kinder mit Deutsch als Erstsprache. Sie profitierten jedoch in vergleichbarem Ausmaß vom Training der phonologischen Bewusstheit hinsichtlich der Effekte im Posttest. In der Follow-up-Untersuchung zeigten sie geringfügig schlechtere Lese- und Rechtschreibleistungen als die Kinder mit Deutsch als Erstsprache.

Durchführbarkeit

Darüber hinaus liegen zahlreiche Erfahrungsberichte zur Durchführbarkeit des „Hören, lauschen, lernen" vor. Die bei weitem überwiegende Mehrzahl der Kindergärten, die dieses Training in ihr tägliches Programm integriert haben, gaben positive Rückmeldungen. Allerdings weist das Programm auch einige Schwächen auf. So moniert Schmid-Barkow (1999), dass die Auswahl des verwendeten Sprachmaterials wenig kindgerecht erscheine, aus linguistischer Perspektive nicht immer stimmig sei und ein hoher Anspruch an die Disziplin der pädagogischen Fachkräfte und der Kinder durch die strikte Festlegung der einzelnen Übungseinheiten in Ablauf und Abfolge gestellt würden.

Die Multimediaversion und die Videodemonstrationen der einzelnen Spiele bieten sowohl eine kindgerechtere Aufarbeitung des Materials als auch eine Erleichterung der individuellen Anpassung an die jeweilige Kindergruppe und den Kindergartenalltag. Für eine effektive Durchführung des Gruppentrainings sind sicherlich eine aufmerksame Beobachtung der individuellen Schwierigkeiten einzelner Kinder, Kreativität im Umgang mit solchen Problemen sowie eine regelmäßige Reflexion im pädagogischen Team und Erfahrungsaustausch zwischen den Erzieherinnen notwendig (Weber et al. 2007b).

Lobo vom Globo – Kindergartenprogramm

Wie das Würzburger Trainingsprogramm auch zielt die kindergartenbasierte Förderung „Lobo vom Globo“ (Fröhlich et al. 2009) auf die Erhöhung metasprachlicher Kompetenzen im Bereich der phonologischen Bewusstheit im engeren und weiteren Sinne ab.

Programmziel

Somit soll den Kindern ein Einblick in die Lautstruktur der gesprochenen Sprachen gegeben und durch den spielerischen Charakter Freude im Umgang mit der Sprache vermittelt werden.

Zielgruppe

Als universelle Präventionsmaßnahme von Lese-Rechtschreibschwierigkeiten sowie zur Erleichterung des Einstiegs in das Lesen und Schreiben richtet es sich an alle Vorschulkinder im letzten Kindergartenjahr. Das Programm ist aber auch als selektive Präventionsmaßnahme für den Einsatz in kleineren Kindergruppen geeignet, wenn diese als Risikokinder für eine Schriftspracherwerbsstörung identifiziert wurden.

Ablauf und Inhalte

Das Training wird von der pädagogischen Fachkraft des Kindergartens durchgeführt. Die Kinder üben zu reimen, Wörter in Silben und Laute zu zerteilen und die Lautstruktur von Wörtern zu „erhören“. Des Weiteren werden das Textverständnis, die Sprachproduktion und der Wortschatz gefördert.

Insgesamt sind 24 Einheiten vorgesehen, wobei jeweils zwei Einheiten pro Woche durchgeführt werden. Die Dauer der Förderung umfasst somit drei Monate. Mit Unterbrechungen durch Ferien kann die Förderung sich auf etwa vier Monate ausdehnen. Die Inhalte von „Lobo vom Globo“ werden in dem folgenden Kasten zusammengefasst (aus Fröhlich et al. 2009, 207).

1 **Einführung**
   - Einführen der Lobo-Figur durch eine Geschichte
   - Einführen der Lobo-Aufgabe
   - Lauschspiele
2 **Phonologische Bewusstheit im weiteren Sinne**
   - Reimen
   - Silben segmentieren
3 **Phonologische Bewusstheit im engeren Sinne und weitere sprachliche Übungen**
   - Buchstabe-Laut-Zuordnung
   - Lautsynthese
   - Lautanalyse
   - Textverständnis
   - Dialogische Kompetenz
4 **Abschluss**
   - Wiederholung der erlernten Inhalte
   - Abschied von Lobo

Materialien und Methoden

In der Lobo-Förderung werden vielfältige, kindgerechte Methoden eingesetzt. Hierzu zählen Bildkarten, Gespräche im Stuhlkreis, Geschichten mit Bildmaterial, Arbeitsblätter, Bewegungsspiele und Brettspiele. Besonders hervorzuheben ist die Leitfigur Lobo, ein kleiner Drache vom Planeten Globo, der aufgrund eines technischen Defekts an seinem Raumschiff nicht auf seinen Heimatplaneten zurückkehren kann. Lobo beherrscht die deutsche Sprache nicht, die Kinder sollen ihm helfen, diese zu erlernen.

Übergang Kindergarten – Schule

Die Förderung der phonologischen Bewusstheit ist sowohl für Kindergartenkinder im letzten Halbjahr als auch für Grundschulkinder im ersten Schulhalbjahr ein wichtiger Bestandteil, um erfolgreich in den Lese- und Schriftspracherwerb starten zu können. Das kindergartenbasierte Förderprogramm wird durch ein Elternprogramm und ein Schulprogramm sinnvoll ergänzt, um den Übergang von der Kindertageseinrichtung zur Grundschule aktiv zu begleiten.

Evaluation

Die kindergartenbasierte Lobo-Förderung wurde an einer Stichprobe von 191 Kindergartenkindern aus Bremen und Niedersachsen systematisch überprüft (Fröhlich et al. 2009). Die Eltern der Kinder wurden durch Informationsabende und Flyer über die Studie informiert. Während in der einen Hälfte der Einrichtungen das Lobo-Programm durchgeführt wurde, stellte sich die andere Hälfte als Vergleichsgruppe zur Verfügung, d. h. die Kinder nahmen nur an den Testungen teil, erhielten aber keine spezifische Förderung. Vor Beginn der dreimonatigen Trainingsdurchführung fand eine Schulung für die pädagogischen Fachkräfte statt. Um die Ausprägung der phonologischen Bewusstheit zu überprüfen, wurde zu beiden Messzeitpunkten der Test für Phonologische Bewusstheitsfähigkeiten (TPB, Fricke / Schäfer 2011) eingesetzt. In allen sieben Untertests erzielten die Kinder der Fördergruppe deutlichere Leistungszuwächse als die Kinder der Vergleichsgruppe. Weiterhin wiesen sie weniger unterdurchschnittliche Testergebnisse auf.

Die Programmakzeptanz bei den Kindern fiel durchgängig hoch aus: 99 % der Kinder gaben an, dass die Zeit mit Lobo ihnen gefallen habe; 85 % würden gerne nochmal Aufgaben mit Lobo zusammen bearbeiten. Diese Einschätzung wurde auch von den pädagogischen Fachkräften geteilt.

4.3.3 Fazit und Implikationen

unklare Wirkung additiver Programme

Wenngleich hier vor allem positiv evaluierte Sprachförderprogramme näher beschrieben wurden, ist bei der großen Mehrzahl der Programme, die in den einzelnen Bundesländern umgesetzt werden, die Wirksamkeit ungeklärt (Fried 2010). Wurden sie überhaupt hinsichtlich ihrer Effektivität evaluiert, zeigt sich zwar teilweise eine Verbesserung der sprachlichen Fähigkeiten, doch bleibt der Abstand zu Kindern ohne Förderbedarf bis zum Schuleintritt bestehen (De Langen-Müller 2012).

Veränderung des Alltags

Grundsätzlich verändert die Durchführung sprachstruktureller Programme die Alltagsgestaltung in Kindertageseinrichtungen erheblich, da sie zumeist einem festgelegten Trainingsplan folgen und nur mit entsprechendem Material durchgeführt werden können. Des Weiteren beschränken sie sich häufig auf die Förderung nur eines sprachlichen Bereiches und fordern eine Umsetzung in Kleingruppen. Dies widerspricht zum einen der pädagogischen Praxis, in der häufig eine pädagogische Fachkraft für bis zu 18 Kinder zuständig und Kleingruppenarbeit entsprechend kaum zu realisieren ist. Zum anderen begünstigen sie eine Separierung von Kindern und stellen deren sprachliche Defizite in den Mittelpunkt.

Sprachförderung in natürlichen Interaktionen

Da der Spracherwerb in der natürlichen Interaktion mit kompetenten Bezugspersonen verläuft, kann davon ausgegangen werden, dass durch einen bewussten Umgang mit Sprache durch die pädagogischen Fachkräfte die sprachliche Entwicklung der Kinder auch in Alltagssituationen einer Kindertageseinrichtung umfassend gefördert werden kann (Knapp et al. 2010). Dabei kann zwar jede Alltagssituation zur Sprachförderung genutzt werden, entscheidend für den sprachlichen Fortschritt der Kinder ist jedoch die Qualität und Quantität der sprachlichen Angebote und Anregungen sowie das Sprachvorbild der pädagogischen Fachkraft.

hohe Anforderungen an die Fachkräfte

Das bedeutet nicht nur das Anbieten unterschiedlicher Variationen auf allen sprachlichen Ebenen und die Wiederholung in verschiedenen Kontexten, sondern auch die Abstimmung dessen auf den jeweiligen sprachlichen Entwicklungsstand der Kinder und deren individuelle Interessen (Hopp et al. 2011). Der Alltag muss also durchgängig so gestaltet werden, dass er den höchst unterschiedlichen Bedürfnissen der Kinder gerecht wird. Neben diesen Aspekten spielt jedoch auch die Verständigung der Kinder untereinander eine bedeutende Rolle. So kann gerade die Kommunikation von Kindern verschiedenen Sprachstandes dazu führen, Sprachfortschritte anzuregen. Hier ist es Aufgabe der pädagogischen Fachkraft, mithilfe von sogenannten Redirects eine Kind-Kind-Interaktion anzubahnen (Kap. 3.3).

Sprachförderung erfolgt somit nicht nur punktuell zu bestimmten Fördereinheiten, sondern wird zu einem durchgängigen Prinzip im Alltag der Kindertageseinrichtung, das sich mit anderen Bildungsbereichen, wie Musik, Bewegung, Mathematik oder Naturwissenschaften, verknüpfen lässt (Adler 2011).

Gemeinsame Aktivitäten, wie Singen, Geschichten erzählen, Vorlesen oder Spielen, führen letztlich jedoch nicht nur zu einer Erweiterung der sprachlichen Fähigkeiten aller Kinder, sondern stärken zudem die Gruppenzugehörigkeit eines jeden Einzelnen (Prang 2001).

1 Welche Arten der Erfassung des Spracherwerbsstandes werden unterschieden?

2 Welcher Nutzen und welche Probleme sind mit dem Einsatz von Beobachtungsverfahren verbunden?

3 Was sagen die Hauptgütekriterien Objektivität, Reliabilität und Validität über einen Test oder ein Screening aus?

4 Welche Risiken für die Objektivität sind mit informellen Verfahren verbunden?

5 Welcher Stellenwert kommt der Diagnose der eigenen Sprachförderkompetenz zu?

6 Welchen Hauptrichtungen sind Sprachfördermaßnahmen zuzuordnen?

7 Was sind Vor- und Nachteile alltagsintegrierter Sprachförderung?

8 Was sind Vor- und Nachteile additiver Programme der Sprachförderung?

5 Elternpartizipation

unter Mitarbeit von Marlene Meindl

Elternpartizipation stellt eine wichtige Ressource in der Frühpädagogik dar, deren reale Umsetzung oftmals noch nicht den Wunschvorstellungen entspricht. Vorbilder, wie Elternpartizipation gelingen kann, kommen aus der klinischen Sprachtherapie. Hier werden verschiedene Modelle und Möglichkeiten der Elternbeteiligung kritisch diskutiert und bereits seit längerer Zeit erfolgreich eingesetzt. Als gutes Beispiel im Bereich Sprachförderung wird das Heidelberger Elterntraining (HET) sowie für den Bereich der Literacy-Förderung der Family Literacy-Ansatz und das Lobo-Elterntraining vorgestellt.

Im Bereich der Frühpädagogik sprechen insbesondere Untersuchungsbefunde internationaler Studien dafür, dass langfristige Erfolge von Fördermaßnahmen in Kindertageseinrichtungen wesentlich vom Einbezug der Eltern abhängen (Mundt 1980).

Bedeutung des familiären Systems

Die Bedeutung des familiären Systems für die Bildung und Erziehung der Kinder wurde erkannt und u.a. der Zusammenhang zwischen Bildungschancen der Kinder und ihrer sozioökonomischen Herkunft nachgewiesen (PISA-Studie), der in westlichen Industrienationen maßgeblich von der sprachlichen Kompetenz abhängt (Kap. 3.1).

Betreuungs-, Erziehungs- und Bildungsauftrag

Die Erfüllung des Betreuungs-, Erziehungs- und Bildungsauftrags macht eine enge Kooperation der beteiligten Institutionen (Kindertageseinrichtung und Schule) mit den Eltern unabdingbar. Die ersten Lebensjahre sind mittlerweile als bedeutend für die kindliche Entwicklung und Bildung anerkannt. Eltern werden hier als „erste Lehrer" ihres Kindes betrachtet, mit dem Übergang in die Kindertagesbetreuung erweitert sich die soziale Matrix des Kindes und damit die Lernmöglichkeiten.

Resilienzforschung

„Der Begriff **Resilienz** leitet sich von dem englischen Wort „Resilience" (Spannkraft, Widerstandsfähigkeit, Elastizität) ab und bezeichnet allgemein die Fähigkeit einer Person oder eines sozialen Systems (z.B. dem Paarsystem oder der Familie), erfolgreich mit belastenden Lebensumständen und negativen Folgen von Stress umzugehen [...]" (Wustmann 2004, 18).

Wichtige Hinweise für die Bedeutung von Elternarbeit liefert auch die Resilienzforschung. Die Zusammenarbeit zwischen Elternhaus und pädagogischer Fachkraft (in diesem Fall Lehrerkräfte) stellte sich als ein Schutzfaktor für die Kinder heraus (Julius/Prater 1996). Positive Auswirkungen eines frühen Krippenbesuchs auf die Bildungschancen insbesondere der Kinder, die unter sozial benachteiligten Bedingungen aufwachsen, sind gut belegt (z.B. BASS-Studie von Fritschi/Oesch 2008). Da der Familie aber immer noch eine zwei- bis dreifach größere Bedeutung für die kindliche Bildung zukommt, spricht dies für eine Verschränkung von Elternarbeit mit Frühen Hilfen (Kap. 6.2).

Pluralisierung der familiären Lebenswelt

Durch die Pluralisierung der Lebenswelt von Familie (u.a. durch steigende Scheidungsraten, Anstieg von Stief- bzw. Patchworkfamilien, zunehmende Erwerbstätigkeit von Müttern), sind Eltern generell mehr Belastungen ausgesetzt und benötigen dementsprechend auch mehr Hilfe.

rechtliche Rahmenbedingungen

Die Zusammenarbeit zwischen Eltern und Kindertageseinrichtungen wird entsprechend im SGB VIII (KJHG) geregelt. Demnach sollen Kindertageseinrichtungen …

- die Erziehung und Bildung in der Familie unterstützen und ergänzen (§ 22 [2] 2.);
- den Eltern dabei helfen, Erwerbstätigkeit und Kindererziehung besser miteinander vereinbaren zu können (§ 22 [2] 3.);
- mit anderen kinder- und familienbezogenen Institutionen und Initiativen im Gemeinwesen, insbesondere solchen der Familienbildung und -beratung zusammenarbeiten (§ 22a [2] 2.);
- das Angebot pädagogisch und organisatorisch an den Bedürfnissen der Kinder und ihrer Familien orientieren (§ 22 [3]).

5.1 Begriffsbestimmungen

Die Bezeichnungen für die Zusammenarbeit mit Eltern sind vielfältig und von unterschiedlichem Grad der Aktivität der Elternbeteiligung geprägt.

Elternarbeit als Oberbegriff

Die Bezeichnung *Elternarbeit* ist eher mit einer abhängigen, passiven Rolle der Eltern verbunden (Ritterfeld 1999, 2007). Wenngleich in den letzten Jahren ein Paradigmenwechsel hin zu einer größeren Aktivität der Elternrolle angestoßen wurde, wird Elternarbeit immer noch als Oberbegriff verwendet,

> *„da er alle Formen der organisierten Kommunikation und Kooperation zwischen pädagogischen Einrichtungen und den Eltern umfasst – einschließlich aller Problemzonen, aber auch aller Potenziale“ (Stange 2012, 13).*

Elternarbeit wird u. a. in Form von Elternberatung, Elternbildung und Elternpartizipation (vgl. Fried et al. 2008; Rodrian 2008) gestaltet.

Elternbildung und -beratung

In der Elternbildung und -beratung sind die Eltern „Empfänger“ pädagogischer Maßnahmen, die die pädagogischen Fachkräfte aufgrund ihrer fachlichen Kompetenz durchführen (Fried et al. 2008). Diese Art der Elternarbeit kommt zustande, wenn Eltern sich Beratung bei der Erziehung ihrer Kinder sowie Hilfe und Anregungen für weitere Erziehungsmaßnahmen wünschen (Textor 1999). Entsprechend wird diese Form der Elternarbeit auch als *familienergänzend und -unterstützend* bezeichnet. Verschiedene Befragungsstudien sprechen dafür, dass pädagogische Fachkräfte gerade im Umgang mit sozial benachteiligten Eltern besonders unsicher sind. Aber auch zu den Eltern aus bildungsnahen Schichten besteht häufig kein intensiver Kontakt. Hier wird beklagt, dass die Fachkräfte nicht in ihrer Fachlichkeit geschätzt und ihre Unterstützungsangebote von den Eltern daher auch nicht in Anspruch genommen würden (Wolf 2003).

Elternpartizipation

Der neuere Begriff der Elternpartizipation, der auch in diesem Buch verwendet wird, impliziert eine eher aktive, mitgestaltende Elternrolle und eine weniger autoritäre Rolle des Therapeuten. Bezogen auf die Kindertageseinrichtung ist nicht nur die aktive Zusammenarbeit auf organisatorischer Ebene wie die Mithilfe bei Festen oder bei handwerklichen Tätigkeiten gemeint. Vielmehr setzt Partizipation u. a. voraus, dass sich Eltern und pädagogische Fachkräfte über den jeweiligen Alltag und die dabei gemachten Erfahrungen austauschen (Fried et.al. 2008). Die Ergebnisse aus Befragungsstudien zeigen allerdings, dass auf der einen Seite die Eltern Zurückhaltung an den Tag legen, wenn es darum geht, am pädagogischen Konzept einer Einrichtung mitzuarbeiten. Auf der anderen Seite lässt sich feststellen, dass auch die Fachkräfte vielfach skeptisch sind, was einen allzu deutlichen Einfluss der Eltern auf die Einrichtung betrifft (Wolf 2002).

Erziehungs- und Bildungspartnerschaft

Das zentrale Ziel von Elternarbeit in Institutionen, wie der Kindertageseinrichtung, aber auch in Schulen, ist die Bildung einer *Erziehungs- und Bildungspartnerschaft*.

Erziehungs- und Bildungspartnerschaften sind über eine enge Kooperation von Familie und Institution zum Wohle der ihnen anvertrauten Kinder definiert.

Dies setzt voraus, dass sich die sozialen Umwelten der Kinder füreinander öffnen und ihre Erziehungsvorstellungen kommunizieren. Sie begegnen sich auf Augenhöhe, erkennen die Kompetenzen des anderen an und teilen sich die Verantwortung für die Förderung der kindlichen Entwicklung als *gleichwertige und gleichberechtigte Partner*. Auf diese Weise findet das Kind optimale Entwicklungsbedingungen vor, da beide Seiten ein wechselseitiges Interesse für die gelingende Entwicklung des Kindes zeigen und sich gegenseitig bereichern bzw. ergänzen (Stange 2012).

Die Erziehungs- und Bildungspartnerschaft ist sowohl eine positive Ausprägung der Elternarbeit als auch die Grundlage für Elternpartizipation oder Eltern*mit*arbeit und somit Voraussetzung für eine erfolgreiche Zusammenarbeit mit Eltern.

Folgende Aspekte beinhaltet der Begriff Erziehungs- und Bildungspartnerschaft im Kontext Kindertageseinrichtung bzw. Schule (Stange 2012, 14 f.):

- *Absprache* gemeinsamer Aktivitäten,
- *Austausch* von Erfahrungen über den Bildungsstand der Kinder,
- Erarbeitung *gemeinsamer Bildungsziele und Angebote* in den jeweiligen Institutionen,
- *Unterstützung* in familiären Erziehungsfragen (Elternbildung),
- synergetisches Erschließen von *Ressourcen* für Eltern, Kinder und die Bildungsinstitutionen,
- Verbesserung der *Beziehungen* zwischen Eltern und Einrichtungen,
- Erweiterung der *Mitbestimmungsmöglichkeiten,*
- *Öffnung* der Bildungseinrichtungen gegenüber anderen Erziehungspartnern und
- *Vernetzung* aller für Kinder und Eltern relevanten Einrichtungen (Kap. 6.3).

Expertisen zum Thema Elternpartizipation bei der Weiterbildungsinitiative Frühpädagogische Fachkräfte (WiFF) online unter www.weiterbildungsinitiative.de/publikationen/eltern.html (01.07.2013)

5.2 Elternbeteiligung im Rahmen der Sprachförderung

Eltern passen ihr Sprachangebot und Interaktionsverhalten auch bei vorliegender Sprachauffälligkeit ihres Kindes intuitiv an dessen reduzierte Sprachfähigkeit an. Allerding weisen spezifisch sprachentwicklungsgestörte Kinder ein phonologisches Verarbeitungsdefizit auf, das eine effektive Nutzung des elterlichen Sprachangebots verhindert (Grimm 2008). Die elterlichen Bemühungen, ihre Kinder im Spracherwerbsprozess zu unterstützen, können aber auch sprachhemmend und somit kontraproduktiv sein (Hammer et al. 2001).

Sprachhemmendes Verhalten

Ungeschulte Eltern neigen dazu, ihren sprachauffälligen Kindern viel

Sprache anzubieten, regen diese aber wenig zur eigenen Sprachproduktion an. Oftmals nehmen sie ihren Kindern die Kommunikation ab oder geben sich mit reduzierten Äußerungen des Kindes zufrieden. Weiterhin zeigten Vergleichsstudien, dass die Eltern von sprachauffälligen Kindern deutlich mehr loben und tadeln als Eltern sprachunauffälliger Kinder. Sie versuchen, ihnen schulrelevantes Wissen, wie z. B. das Alphabet beizubringen. Dies ist für die Sprachförderung aber bestenfalls irrelevant, wenn nicht sogar kontraproduktiv (Ritterfeld 2007). Oft wird den Kindern Sorge und mangelnde Akzeptanz vermittelt, was sich eher demotivierend und entwicklungshemmend als förderlich auswirken wird.

kognitive Unterforderung

Sprachliche Defizite des Kindes werden häufig als eine allgemeine Entwicklungsretardierung interpretiert. Die Bezugspersonen passen ihren sprachlichen Input durchaus sensitiv an die eingeschränkten Sprachkompetenzen der Kinder an. Durch die Umschriebenheit der sprachlichen Defizite, sind die kognitiven Fähigkeiten weitestgehend altersentsprechend entwickelt. Die kognitiv reduzierte Gestaltung des sprachlichen Inputs kann somit zu einer kognitiven Unterforderung der Kinder führen (Grimm 2008).

„Das in mehreren Studien belegte Phänomen des „abrutschenden IQs“ zeigt, dass die Intelligenz von sprachentwicklungsgestörten Kindern generell mit der Zeit sinkt. Viele ursprünglich umschriebene Sprachentwicklungsstörungen weiten sich zunehmend zu einer allgemeinen Lernbehinderung aus (Dannenbauer 2001; Schöler 1992)**“** (Jungmann 2009, 70)**.**

Fokussierung auf die Aussprache

Zudem stellen Ritterfeld und Rindermann (2004) fest, dass für Eltern Ausspracheprobleme ihrer Kinder im Vordergrund stehen, während wissenschaftlich fundierte Sprachkompetenzmodelle die verzögerte Wortschatzentwicklung, grammatikalische Auffälligkeiten und phonologische Arbeitsgedächtnisdefizite als Indikator für eine Sprachentwicklungsstörung zugrunde legen (Fried 2009; Kap. 2.3). Eltern verkennen demnach häufig das eigentliche Problem.

Aus diesen Gründen ist es wichtig, die natürlichen Sprachlehrstrategien für die Sprachförderung zu intensivieren und gegebenenfalls sprachhemmende Verhaltensweisen zu minimieren bzw. ganz zu vermeiden. An dieser Stelle setzt die Arbeit mit den Eltern in der Sprachförderung an.

In der Sprachtherapie und -förderung werden Elterninformation und -beratung, Ko-Therapie, Training und Coaching als Formen der Elternbeteiligung unterschieden (Möller / Spreen-Rauscher 2009).

Unter **Elterninformation** wird die Vermittlung von störungsbezogenem Wissen und Information über Inhalte, Verlauf und Stand der Therapie in mündlicher oder schriftlicher Form verstanden.

Bei der **Elternberatung** werden Hilfestellung bei der Bearbeitung von Einstellungen und Gefühlen hinsichtlich der kindlichen Störung gegeben.

In ihrer Rolle als **Ko-Therapeuten** erhalten Eltern praktische Anleitungen, um therapiebegleitende und unterstützende Übungen zu Hause durchzuführen (z.B. mundmotorische Übungen).

Im **Elterntraining** werden sprachförderliche Verhaltensweisen für den Alltag vermittelt. Die Eltern lernen, Verhaltensweisen zu begründen und selbstständig zu beurteilen. Das Elterntraining sollte idealerweise durch ein **Elterncoaching** ergänzt werden. Dabei handelt es sich um die ergebnisorientierte Begleitung von Entwicklungs- und Veränderungsprozessen durch Information, Beratung und Training. Dies erfolgt häufig unter Einsatz der Videointeraktionsanalysen.

Die „pragmatische Elternpartizipation (PEP)" nach Ritterfeld (1999, 2007) umreißt mit ihren acht Prinzipien die wichtigsten Eckpfeiler der sprachtherapeutischen Elternarbeit. Die Prinzipien werden zunächst dargestellt und deren Umsetzung im Anschluss daran am Beispiel des Heidelberger Elterntraining (HET, Buschmann / Jooss 2009) illustriert.

Acht Prinzipien der pragmatischen Elternpartizipation (PEP)

implizites Können

In der pragmatischen Elternpartizipation wird auf normative Lernziele verzichtet. Stattdessen ist das individuelle Entwicklungsprinzip der Eltern handlungsleitend. Es wird davon ausgegangen, dass die Eltern das Beste für ihre Kinder wollen, auch wenn ihr sprachförderndes Verhalten objektiven Kriterien nicht zu genügen scheint.

Entlastung der Eltern

Eltern haben keine Schuld an den Spracherwerbsproblemen ihrer Kinder. Sie verursachen diese nicht, können ihrem Kind aber helfen. Die Entlastung der Eltern von ihren kontraproduktiven Schuldzuweisungen ist eine zentrale Grundlage für die Nutzung vorhandener Unterstützungsressourcen und den Beginn einer konstruktiven Zusammenarbeit.

natürliche Sprachlehrstrategien

Sprachförderung sollte nicht als formales Einstudieren semantischer und morphologischer Strukturen betrieben werden, sondern sich an natürlichen Sprachlernprozessen und den elterlichen Sprachlehrstrategien in Alltagssituationen orientieren (Kap. 3.1).

Interaktionstraining

Im Rahmen des Interaktionstrainings lernen Eltern, vorhandene sprachförderliche Kompetenzen im natürlichen Sprachlehrprozess zu erkennen, sich bewusst zu machen und zu erweitern. Im Anschluss daran wird an der Veränderung sprachhemmender Verhaltensweisen gearbeitet. Obwohl sprachförderliche Strategien gezielt gelernt und einübt werden, sollten sie nicht als „Hilfskraft" des Sprachtherapeuten verstanden werden.

Metapher der Sprachinsel

Sprachauffällige Kinder benötigen häufiger gezielte sprachfördernde Angebote als -unauffällige Kinder. Damit Eltern in ihrer Kommunikation nicht ständig unter dem Druck guten sprachfördernden Interagierens stehen, schlägt Ritterfeld (1999) die Einführung von „Sprachinseln" vor.

Die **Sprachinsel** ist ein Ort, an den sich Bezugsperson und Kind aus dem Alltag zurückziehen, um die Anwendung von Sprachlehrstrategien bewusst zu intensivieren. Dabei handelt es sich um zeitlich begrenzte und klar definierte Lehrsituation, die mehrmals täglich stattfinden sollten. Solche Sprachinseln im Alltag können z. B. gemeinsames Spiel, gemeinsame Mahlzeiten oder das gemeinsame Lesen eines Bilderbuches sein.

Elternpartizipation statt Psychotherapie

Entsprechend ihrer Ausbildung und ihrer Kompetenzen sollten Sprachförderkräfte den Eltern Sprachförderstrategien vermitteln und nicht den Anspruch erheben, die Familie zu therapieren. Die Kenntnis der Grenzen eigener Professionalität und des Auftrags entlastet auch die Sprachförderkraft.

Elterngruppen

Elterngruppen bieten die Möglichkeit zur sozialen Unterstützung, zum Lernen voneinander, zum Austausch und die Möglichkeit zur Einübung sprachförderlicher Interaktionsstrategien im Rollenspiel.

geführte Beobachtung

In der geführten Beobachtung wird den Eltern die Möglichkeit gegeben werden, die Sprachförderkraft in ihrer Arbeit mit dem Kind zu beobachten. Das Beobachtete wird im Anschluss gemeinsam besprochen. Somit wird neben dem Lernen am Modell die elterliche Aufmerksamkeit auf das gelenkt, was das Kind schon kann. Durch diese Orientierung an den Stärken können Eltern mehr Freude am Können ihrer Kinder erleben.

Die genannten acht Prinzipien zielen darauf ab, das Sprachförderpotenzial der Eltern zu optimieren, Verunsicherungen seitens der Eltern zu minimieren und konkrete, flexibel einsetzbare Anweisungen sowohl den Eltern als auch den Therapeuten und Therapeutinnen an die Hand zu geben.

Weiterführende Literatur zur Elternberatung: Ritterfeld, U. (2002): Elternratgeber zur Sprachförderung. Eine Beilage zum Elternfragebogen ELFRA von Grimm & Doil. Hogrefe, Göttingen

Beushausen, U., Klein, S. (2010). Sprachförderung: Ein Ratgeber für Eltern, Therapeuten und Erzieher. Schulz-Kirchner, Idstein

Ritterfeld, U. (2001). Handanweisungen für Eltern von ein- bis zweijährigen Risikokindern. L.O.G.O.S. interdisziplinär 2, 109–113

Elterntraining am Beispiel des HET

Hintergrund

Das von Buschmann entwickelte Heidelberger Elterntraining zur frühen Sprachförderung (HET, Buschmann 2010) basiert auf der Theorie des sozialen Interaktionismus und den Befunden zu den elterlichen Sprachlehrstrategien (Kap. 3.1).

Zielgruppe

Es richtet sich an Eltern zwei- bis dreijähriger Kinder, die im Rahmen der pädiatrischen Vorsorgeuntersuchung U7 im Alter von 21 bis 24 Monaten einen aktiven Wortschatz im ELFRA-2 (Grimm / Doil 2006) von weniger als 50 Wörtern zeigen und bei denen keine Primärerkrankungen (z. B. hochgradige Störungen der Intelligenz, Autismus, Zerebralparesen oder Schwerhörigkeit) vorliegen.

Ablauf

In einem individuellen Vorgespräch oder einem Informationsabend werden die Eltern über Inhalte und Ziele sowie die Organisation des Elterntrainings aufgeklärt. Es ist als Gruppenprogramm für eine Kleingruppe von fünf bis zehn Teilnehmern konzipiert. Dabei können sowohl Elternpaare als auch ein Elternteil oder andere Bezugspersonen des Kindes teilnehmen. Das Training kann von einem oder zwei Trainingsleitern durchgeführt werden. Es findet an sieben zweistündigen Terminen im Abstand von ein bis zwei Wochen statt.

7 inhaltliche Bausteine

Das Training besteht aus sieben aufeinander aufbauenden Bausteinen. Im Vordergrund stehen das gemeinsame Erarbeiten von Wissen z. B. über Voraussetzungen des gelungenen Spracherwerbs, Ursachen der verzögerten

Sprachentwicklung und die Grundprinzipien sprachförderlicher Kommunikation sowie das intensive Üben sprachförderlicher Verhaltensweisen in der Bilderbuchsituation, in Alltagssituationen und beim Spiel.

Methoden

Die Arbeitsmethoden sind sehr abwechslungsreich: Neben Präsentationen, Videoillustrationen und Kleingruppenarbeit kommt dem häuslichen Üben im Sinne einer Anwendung der gelernten Strategien eine herausragende Bedeutung zu. Des Weiteren wird die Eltern-Kind-Interaktion in der Bilderbuchsituation auf Video aufgezeichnet und deren Qualität erfasst. Durch das Elterntraining werden die Eltern in ihrer Kompetenz als wichtigste Bezugspersonen und Interaktionspartner des Kindes gestärkt. Es findet eine Sensibilisierung für die Möglichkeiten zur Sprachförderung in der Bilderbuchsituation, im Alltag und im Spiel sowie eine gezielte Schulung im Einsatz von Sprachlehrstrategien statt. Sprachhemmende Verhaltensweisen und bereits etablierte negative Interaktionsmuster werden thematisiert und sukzessive abgebaut.

Trainingsziele

Beim Kind sollen durch die im Elterntraining erworbenen Kompetenzen Sprech- und Kommunikationsfreude geweckt und verstärkt werden. Erfolgserlebnisse in der kommunikativen Interaktion führen zu einer Steigerung der Sprechmotivation und damit auch zu einer schnelleren Erweiterung des Wortschatzes als Voraussetzung für den Einstieg in die Grammatik.

Nachschulung

Zur Sicherung des Langzeiteffektes wird nach etwa einem halben Jahr eine dreistündige Nachschulung durchgeführt. Diese wird genutzt, um das Verhalten der Eltern optimal an den mittlerweile fortgeschrittenen Sprachentwicklungsstand ihrer Kinder anzupassen. Als zentrale und langfristig bedeutsame Sprachlehrstrategie werden Möglichkeiten zum korrektiven Feedback (Kap. 4.2) anhand einer Videoillustration und eigenen Beispielsätzen der Kinder eingeübt. Abschließend erhalten die Eltern Anregungen, um das Vorlesen für die Erweiterung der sprachlichen Kompetenzen des Kindes zu nutzen sowie spielerische Anregungen zur Förderung der Mundmotorik.

positive Evaluation

Das HET ist die einzige sprachliche Frühintervention, deren Nutzen für die Eltern und die Kinder im Rahmen eines randomisierten Kontrollgruppendesigns bestätigt wurde. Sowohl drei Monate als auch neun Monate nach dem Training zeigten die Kinder, deren Eltern am Training teilgenommen hatten, im Mittel signifikant bessere Sprachleistungen als die Kinder der Wartekontrollgruppe. Im Alter von drei Jahren hatten 75 % der Kinder in der Interventionsgruppe ihren sprachlichen Rückstand aufgeholt, während dies in der Wartekontrollgruppe nur bei 44 % der Kinder der Fall war (Buschmann et al. 2009).

Die Ergebnisse regelmäßiger Befragungen der Eltern zeigen, dass die Möglichkeit zum Austausch in der Gruppe als entlastend, aber auch als motivierend erlebt wurde. Nach dem Training fühlten sich die Eltern sicherer im Umgang mit ihrem Kind und sahen sich in der Lage, es adäquat sprachlich zu unterstützen und ihr eigenes Sprachverhalten im Alltag bewusster zu reflektieren. Das Ritual des Bilderbuchanschauens war zu einem festen Bestandteil im familiären Tagesablauf geworden. Die Eltern gaben aber auch an, dass sie sprachförderliche Handlungen gut auf andere Alltagssituationen, z. B. das Anziehen oder das Einkaufen mit dem Kind, übertragen konnten. In der sprachlichen Entwicklung ihrer Kinder beobachteten sie deutliche Fortschritte. Unmittelbar nach Beendigung des Trainings und auch rückblickend nach neun Monaten würden sie das HET anderen betroffenen Eltern weiterempfehlen (vgl. Buschmann / Jooss 2007).

hohe Akzeptanz der Eltern

Weitere Informationen zum Heidelberger Elterntraining: www.fruehinterventionszentrum.de/heidelberger_elterntraining_zur_fruehen_sprachfoerderung/(01.07.2013)

5.3 Elternbeteiligung im Rahmen der Literacy-Förderung

Die vorschulische Erfahrung mit Sprache und Schrift stellt für den gelingenden Schriftspracherwerb einen der bedeutendsten Faktoren dar. Damit Kinder Schrift als bedeutsam für sich empfinden, sind sie auf die Auseinandersetzung mit ihr in vielfältiger Art und Weise im Alltag angewiesen. Da die Kindertageseinrichtung in ihrer begrenzten Zeit nicht allein für die optimalen Voraussetzungen für den schulischen Schriftspracherwerb sorgen kann, ist das verstärkte Einbeziehen des familiären Umfeldes an dieser Stelle unabdingbar.

Begriffsklärung Literacy

Wörtlich übersetzt bedeutet Literacy: Lese- und Schreibkompetenz. Überwiegend wird der Begriff allerdings im weiteren Sinn verwendet und schließt die Erfahrungen und die Teilhabe an der jeweiligen Erzähl-, Buch- und Schriftkultur mit ein (Nickel 2005a). Nach Ulich (2003, 6) umfasst Literacy noch weitere Kompetenzen so z. B.

„Textverständnis und Sinnverstehen, sprachliche Abstraktionsfähigkeit, Lesefreude, Vertrautheit mit Büchern, die Fähigkeit sich schriftlich auszu-

drücken, Vertrautheit mit Schriftsprache oder mit ‚literarischer' Sprache, oder sogar Medienkompetenz."

Im Folgenden wird zunächst auf den Family Literacy-Ansatz zur Stärkung des Sprach- und Schriftsprachgebrauchs insbesondere für Familien in besonderen Problemlagen eingegangen. Mit diesem Ansatz wird das Ziel verfolgt, die aktive Teilhabe an der jeweiligen Buch-, Erzähl- und Schriftkultur möglichst früh zu fördern und somit die kindliche Entwicklung positiv zu beeinflussen. Wesentlich ist die Motivation und Befähigung der Eltern, ihre Kinder beim Erwerb der (Schrift-)Sprachkompetenz und anderen Kompetenzen zu unterstützen und mit der Institution Kindergarten oder Schule enger zu kooperieren (Elfert / Rabkin 2007).

Im Anschluss daran, wird mit das Elterntraining „Lobo vom Globo" (Petermann et al. 2007) vorgestellt. Es zielt darauf ab, den Kindern einen Einblick in die Lautstruktur der gesprochenen Sprache zu geben und durch den spielerischen Charakter Freude im Umgang mit der Sprache zu vermitteln. Die spezielle Förderung der phonologischen Bewusstheit soll den Einstieg in den Lese- und Schriftspracherwerb erleichtern (Roth / Schneider 2002).

Family Literacy-Ansatz

Family Literacy beschreibt als Begriff jegliche Bemühungen, Schriftkultur im Sinne eines Sets sozialer Praktiken in der Familie zu stärken, wobei die konkreten Programme sowohl Interventions- als auch Präventionscharakter haben (Nickel 2005a).

Förderprogramme nach dem Family Literacy-Konzept bestehen aus drei Komponenten, die als Trias der Family Literacy bezeichnet werden.

Elternzeit

In der Elternzeit werden die schriftbezogenen Sprachfähigkeiten der Eltern, Großeltern oder anderer Bezugspersonen des Kindes gefördert. Die erweiterten Kompetenzen motivieren die Erwachsenen zur Weitergabe dieser Fähigkeiten an das Kind bzw. ermöglichen dies erst. Gleichzeitig erhalten die Bezugspersonen Informationen über kindliche Lernprozesse und -bedürfnisse.

Familienzeit

Die Weitergabe der erworbenen Fähigkeiten erfolgt in der Familienzeit. Hierfür bereiten die primären Bezugspersonen wöchentlich Aktivitäten zur Literacy-Förderung vor und führen sie mithilfe von Tipps der pädagogischen Fachkraft mit ihren Kindern durch. Es werden somit Interaktionen an Schriftsprache selbst initiiert, und die Bezugspersonen erhalten ein konstruktives Feedback sowie Hilfestellung in Problemsituationen.

Kinderzeit

In der Kinderzeit werden dem Kind der Nutzen und die Funktion Sprache und Schriftsprache durch seine primären Bezugspersonen kindgerecht und spielerisch ohne Anwesenheit der Pädagogin vermittelt.

Family Literacy schlägt gleichsam eine Brücke zwischen der pädagogischen Institution und den Eltern, was besonders für Familien mit Migrationshintergrund oder für belastete Familien bedeutsam ist, die sonst oft keinen Zugang zur Kindertageseinrichtung oder Schule finden (Elfert / Rabkin 2007**).**

Bereiche der Literacy-Förderung

Literacy-Förderung kann in vier Bereichen ansetzen (Nickel 2007):

- **Bücher:** gemeinsames Bilderbuchanschauen und dialogisches Vorlesen (Kap. 4.3)
- **Schriftbewusstsein:** Schrift in der Umgebung, z. B. Notizen, Merkzettel, Plakate, Zeitschriften
- **frühes Schreiben**: Malen / Kritzeln, Kennzeichnen / Etikettieren, Postkarten / Briefe, Geschichten
- **mündliche Sprache:** Erzählen, Rollenspiele, Finger- und Sprachspiele, Phonologische Bewusstheit, Herauslösen von Äußerungen aus dem eigentlichen Handlungszusammenhang (z. B. beim Rollenspiel), Sprechen über Texte

praktische Umsetzung

Das oberste Ziel der Förderung der Sprach- und Schriftsprachkompetenz in der Familie kann nur erreicht werden, wenn die Angebote und Aktivitäten auch im häuslichen Umfeld praktiziert werden. Dafür müssen die Elemente einfach strukturiert und handlungsorientiert sein sowie einen persönlichen Bezug haben (Elfert / Rabkin 2007). Beispiele für die praktische Umsetzung von Family Literacy aus dem FLY-Projekt sind:

- **Buchstabenjäger:** Schriftzeichen aus der Umgebung abschreiben
- **Schriftzeichen aus anderen Schriftsystemen:** Eltern schreiben in ihrer Herkunftssprache Wörter auf.

- **Bildergeschichte in Partnerarbeit:** Kinder kleben Bilder in ein Heft, die Eltern notieren die Kommentare der Kinder.

- **Story-Telling-Sacks:** Figuren und Gegenstände, mit denen ein Buch erlebbar gemacht wird und nacherzählt werden kann, werden zusammengestellt.

- **Erstellen von Family Literacy-Mappen:** Die Ergebnisse der Arbeit werden festgehalten (mit Fotos, Materialien, Informationen).

Die Integration des FLY-Programms in das Hamburger Sprachförderkonzept und die Auszeichnung mit dem internationalen „König-Sejong-Alphabetisierungspreis" der UNESCO 2010 sprechen für das Potenzial dieses Konzepts, allerdings sind Familien und Kindertageseinrichtungen in Deutschland für die frühe Literacy-Förderung noch zu wenig sensibilisiert.

Elterntraining am Beispiel des Lobo vom Globo-Programms

Hintergrund

Das von Petermann et al. (2007) entwickelte Elterntraining „Lobo vom Globo" stellt eine Ergänzung der gleichnamigen, universellen Präventionsmaßnahme in Kindertageseinrichtungen dar, die bereits in Kap. 4.6 kurz vorgestellt wurde. Es basiert auf aktuellen Theorien des Spracherwerbs sowie auf empirischen Befunden, die zeigen, dass umschriebene Störungen der Sprachentwicklung häufig in Kombination mit Lese-Rechtschreibschwierigkeiten auftreten. Eine Schlüsselrolle im Verursachungsgefüge kommt der phonologischen Bewusstheit zu.

Zielgruppe

Das elternbasierte Trainingsprogramm „Lobo vom Globo" richtet sich an vier- bis sechsjährige Kinder und ihre Eltern mit der Muttersprache Deutsch. Es ist grundsätzlich für alle Kindergartenkinder geeignet, vor allem aber für jene mit Defiziten in der phonologischen Bewusstheit oder für Risikokinder, die Schwierigkeiten beim differenzierten Hören aufweisen (z. B. Erkennen bestimmter Lautstrukturen), Probleme im kreativen und analysierenden Umgang mit Sprache haben (z. B. nicht reimen können) und / oder bei denen man aufgrund der beobachtbaren Defizite davon ausgeht, dass sie ein erhöhtes Risiko für die Ausbildung einer Lese-Rechtschreibschwäche haben (Koglin et al. 2008).

Programmziele

Somit dient das Programm der Förderung der phonologischen Bewusstheit und stellt eine präventive Maßnahme zur Vorbeugung von Lese- und

Rechtschreibschwierigkeiten dar. Den Kindern soll ein Einblick in die Lautstruktur der gesprochenen Sprachen gegeben werden und Freude am Umgang mit der Sprache durch den spielerischen Charakter vermittelt werden.

Ablauf

Die Eltern werden über einen Zeitraum von fünf Wochen einmal wöchentlich im Rahmen eines 90-minütigen Kurses darauf vorbereitet, spielerische Sprachübungen mit ihrem Kind im häuslichen Kontext durchzuführen. Ergänzend werden allgemein förderliche Erziehungskompetenzen vermittelt (z. B. Loben, Aufforderungen geben und Motivation der Kinder aufrechterhalten), da eine positive Eltern-Kind-Interaktion als Voraussetzung des Übungserfolgs erachtet wird. In jeder Sitzung erhalten die Eltern Aufgaben, die – eingebettet in den Tagesablauf – mit dem Kind durchgeführt werden sollen. Dadurch soll erreicht werden, dass Sprachübungen zum festen Bestandteil des Alltags werden. Die Förderung des Kindes erfolgt in der 30-minütigen Kinderzeit an sechs Tagen pro Woche. Sie ist so strukturiert, dass 15 Minuten für die Übungen des Trainingsprogramms benötigt werden, die übrigen 15 Minuten sind als gemeinsame Spielzeit zu gestalten. Am Tag des Elternkurses findet keine kindliche Förderung statt.

Inhalte

Das Training ist in eine Rahmenhandlung mit der Figur „Lobo“ eingebettet. „Lobo“ ist ein kleiner außerirdischer Drache, der aufgrund eines Defekts an seinem Raumschiff nicht zu seinem Heimatplaneten „Globo“ zurückkehren kann und auf der Erde landet. Weil „Lobo“ die Sprache der Menschen nicht versteht, bittet er die Kinder, ihm dabei zu helfen, die Sprache zu lernen.

Methoden und Materialien

In den Elternkursen werden verschiedene Methoden eingesetzt, um die Inhalte auf vielfältige Weise vermitteln zu können. Zudem werden Gruppenarbeiten durchgeführt, in denen sich Eltern ein Thema erarbeiten. Für die Kinderzeit liegen Bildkarten vor sowie Bewegungsspiele, kleine Geschichten, ein Brettspiel und natürlich der kleine Drache „Lobo“, der die Kinder durch das gesamte Training begleitet.

Die Kinder üben mit diesem Material zu reimen, Wörter in Silben zu zerteilen, die Lautstruktur von Wörtern zu „erhören“, des Weiteren werden das Textverständnis, die Sprachproduktion und der Wortschatz spielerisch gefördert.

Evaluation

In der Evaluationsstudie von Koglin et al. (2008) konnten positive Effekte auf die phonologische Bewusstheit im weiteren Sinne (Silbentrennung, Reimen) nachgewiesen werden. Diese fielen am deutlichsten für die älteren Kinder (5 bis 6 Jahre) aus. Eine Analyse der Risikopunkte im Bielefelder Screening zur Früherkennung von Lese- und Rechtschreibschwierigkeiten (BISC, Jansen et al. 2002) zeigt eine deutliche Verbesserung: Während vor dem Training nur 11 % der Kinder keinen Risikopunkt aufwiesen, waren es nach dem Training rund 60 % der Kinder. Demgegenüber blieb die Verteilung der Risikopunkte bei den Kindern der Kontrollgruppe vom ersten zum zweiten Zeitpunkt konstant.

Wenngleich die Effektivität der Elternbeteiligung im Rahmen der Sprach- und Literacy-Förderung mit Ausnahme der dargestellten Ansätze nicht systematisch evaluiert wurde, sprechen die vorliegenden Befunde dafür, Eltern stärker als bisher aktiv in die sprachliche Förderung ihrer Kinder einzubeziehen. Auf diese Weise wird der Transfer der Übungen in den Alltag erleichtert, da Eltern und Kind über einen gemeinsamen Übungskontext verfügen.

Infos zu dem Programm sind zu finden unter: www.lobovomglobo.de (01.07.2013).

5.4 Elternbeteiligung in der Kindertageseinrichtung

Elternpartizipation in der Kindertagesstätte als wesentlicher Bestandteil von Sprachförderung kann auf unterschiedliche Weise stattfinden und in den Alltag integriert werden. Möglichkeiten der Partizipation von Eltern sind zum Beispiel:

Angebote unter Beteiligung von Eltern und Erziehern:

- *Elternabend* zum Thema Sprachentwicklung oder Sprachförderung in der Einrichtung (ggf. durch einen externen Referenten)
- *Beratung* der Eltern z. B. bei Sprachauffälligkeiten, *Vermittlung* an eine Fachkraft
- *Austausch* über Sprachförderung in der Kindertagesstätte in Tür-und-Angel-Gesprächen oder regelmäßig stattfindenden Entwicklungsgesprächen
- *Beteiligung* an der Gestaltung von Fördermaßnahmen

- *Modelllernen* im Kindergartenalltag durch Hospitation in der Gruppe
- *Einbeziehen* der Eltern im Kindergartenalltag z.B. durch das Vorlesen von Büchern in ihrer Muttersprache
- *Hausbesuche* vor allem bei Familien in schwierigen Lebenslagen, zu denen kaum Kontakt besteht, weil sie z.B. an keinen Veranstaltungen in der Einrichtung teilnehmen oder bei Problemsituationen wie Auffälligkeiten in der Entwicklung
- *Unterstützung* bei Erziehungsarbeit und Bewältigung der Lebenssituation

Angebote nur für Eltern:

- Spielnachmittage/Elternnachmittage: Eltern lernen Beschäftigungsmöglichkeiten mit ihren Kindern kennen, Möglichkeit zum Modelllernen, Erfahrungsaustausch
- Förderung von Kontakten zwischen den Familien zur Integration und zum Austausch untereinander z.B. sozial benachteiligter Familien oder Familien mit Migrationshintergrund z.B. durch Einrichtung von Müttergruppen, Vätergruppen, Elterncafés, Familiennachmittagen, Eltern-Kind-Gruppen
- Entwicklung neuer sozialer Kontakte auch für die sprachförderliche Nutzung der Freizeit z.B. mit Gleichaltrigen (Peers)

Informative Angebote:

- Informationen über altersgerechte Beschäftigung und Förderangebote z.B. Spiele, Bücher, Aktivitäten, Reduzierung des Fernsehkonsums
- Ausstellung von pädagogisch wertvollen Büchern, Spielen
- Ausleihmöglichkeiten von Spielen, Büchern, Hörspielen, Ratgebern u.ä.
- Auslegen von Informationsbroschüren

Einflussfaktoren

Wenngleich pädagogische Fachkräfte der Elternarbeit einen hohen Stellenwert zuschreiben, bleibt insgesamt zu konstatieren, dass diese derzeit den an sie gerichteten Erwartungen in der Frühpädagogik noch nicht entspricht. Gründe hierfür sind sowohl auf der Seite der Fachkraft als auch auf der Elternseite zu finden.

auf der Ebene der Fachkräfte

Eine von Ritterfeld und Dehnhardt (1998) durchgeführte Befragung von Sprachtherapeuten weist als bedeutendsten Faktor für Elternarbeit die wahrgenommene eigene Kompetenz zu qualifizierter Elternarbeit aus. Westphal und Kämpe (2012) stellen fest, dass die Belastung durch Elternarbeit bei den pädagogischen Fachkräften in einer unzureichenden Qualifizierung in diesem Bereich begründet ist. Diese Erkenntnis weist auf die Notwendigkeit einer Professionalisierung von Fachkräften im Bereich Sprachförderung hin, um ihre Kompetenzen zu fördern und weiter auszubilden.

auf der Ebene der Eltern

Auch auf Seiten der Eltern sind mangelnde zeitliche Ressourcen eher nebensächlich, vielmehr kommt normativen Aspekten eine wesentliche Bedeutung zu. Befragungsergebnisse zeigen, dass die Bereitschaft zur aktiven Partizipation von Müttern überraschend hoch ist und diese auch mehr in den therapeutischen Prozess einbezogen werden wollen. Die Einsicht in die Notwendigkeit der Förderung (positive Einstellung gegenüber der Förderung) und die Motivation zur aktiven Beteiligung spielen ebenfalls eine tragende Rolle für den Erfolg von Sprachfördermaßnahmen (Ritterfeld 1999).

Schlussfolgernd lässt sich festhalten, dass die Aufklärung der Eltern und das Nutzen des Sprachförderpotenzials der Eltern eine wichtige Ressource darstellt, deren reale Umsetzung oftmals noch nicht den Wunschvorstellungen entspricht.

1. Wie ist die Notwendigkeit des Einbezugs der Eltern zu begründen?
2. Wie sind Elternarbeit, Elternbildung und -beratung und Elternpartizipation definiert?
3. Worin besteht der Unterschied zwischen Elternpartizipation und Bildungs- bzw. Erziehungspartnerschaft?
4. Warum ist eine gut funktionierende Bildungs- und Erziehungspartnerschaft gerade für den Spracherwerb so zentral?

5 Welches sind die acht Prinzipien der pragmatischen Elternpartizipation? Welche davon finden sich im Heidelberger Elterntraining wieder?

6 Wie effektiv ist elternbasierte Sprach- und Literacyförderung?

7 Wie lässt sich Elternbeteiligung in der Kindertageseinrichtung realisieren?

Explizit mit den Anforderungen, die Elternarbeit an frühpädagogische Fachkräfte stellt, beschäftigt sich die WiFF-Expertise Nr. 22 von Tina Friedrich (2012). Forderungen für die Aus- und Weiterbildung der Fachkräfte werden abgeleitet. In: www.weiterbildungsinitiative.de/uploads/media/WiFF_Expertise_Friederich.pdf (01.07.2013)

Eine vertiefte Auseinandersetzung mit psychodynamischen Aspekten der Zusammenarbeit mit Eltern, die in diesem Kapitel nur angedeutet werden konnten, bietet die WiFF-Expertise Nr. 25 von Inés Brock (2012). In: www.weiterbildungsinitiative.de/uploads/media/Expertise_Brock.pdf (01.07.2013)

6 Ausblick: Anforderungen an die frühpädagogische Praxis

Die Anforderungen an die Frühpädagogik sind hoch, was die Notwendigkeit kontinuierlicher Fort- und Weiterbildung, im Idealfall ergänzt durch pädagogische Coachings im Alltag der Kindertageseinrichtung, unterstreicht. Ausgewählte Qualifizierungsbereiche im Bereich der Sprachförderung, die in diesem Buch ausführlicher thematisiert wurden, werden zunächst zusammengefasst sowie im Anschluss zentrale Herausforderungen der Elternpartizipation bei sozialer Benachteiligung sowie der Kooperation und Vernetzung, insbesondere im Übergang zur Schule eröffnet.

6.1 Qualifikationsanforderungen an frühpädagogische Fachkräfte

Um Auffälligkeiten wahrnehmen, sprachförderliche Situationen im Alltag identifizieren, selbst als Sprachvorbild fungieren und somit Situationen auch effektiv zur Sprachförderung nutzen zu können, benötigen pädagogische Fachkräfte umfassendes Wissen in den folgenden Bereichen (Hopp et al. 2011; List 2010):

Entwicklungspsychologie

- Grundlegende Kenntnisse über die Zusammenhänge des Spracherwerbs mit anderen Bereichen der kindlichen Entwicklung. Insbesondere die wechselseitige Beeinflussung kognitiver, sozialer und sprachlicher Kompetenzen sollte bekannt sein (Kap. 2.1). Wenn pädagogische Fachkräfte sich allein auf die Sprachproduktion der Kinder konzentrieren, droht die Unterstützung des Spracherwerbs zum Training zu werden.

„Entwicklungspsychologisches Wissen ist insbesondere unentbehrlich, um die geistigen und sozialen Kapazitäten von Kindern einzuschätzen, die eine andere Sprache als Deutsch in die Einrichtungen mitbringen. Nur so können falsche Rückschlüsse von noch unzureichendem Deutsch auf den Entwicklungstand der Kinder insgesamt verhindert werden" (List 2010, 35).

- Kenntnisse über die Bedeutung des Fantasie-, Regel- und Rollenspiels als Motor der kognitiven, sozialen und sprachlichen Entwicklung sind notwendig, um die Spielentwicklung kompetent zu beobachten und zu begleiten.

normaler und gestörter Spracherwerb

- Pädagogische Fachkräfte benötigen Kenntnisse zum normalen Spracherwerb und den zugrundeliegenden Erwerbsprozessen, um altersgemäße Erwerbsprozesse in Erst- und Zweitsprache einschätzen zu können,
- und Kenntnisse über die wichtigsten fachsprachlichen Termini sowie die Ebenen des Sprachsystems, um Phänomene der Kindersprache den einzelnen Ebenen zuordnen und entsprechend Schwerpunkte der alltagsintegrierten Förderung darauf abstimmen zu können (Kap. 2.2) sowie

- Kenntnisse über die grundlegenden Zusammenhänge zwischen der kognitiven Entwicklung und dem Erst- und Zweitspracherwerb, um Sprachfördersituationen so gestalten zu können, dass beide Entwicklungsbereiche angemessen unterstützt werden (Kap. 2.1) und ebenso

- explizite Kenntnisse über die Formate, die für die Organisation des Alltags in der Einrichtung maßgeblich sind, sowie Routine bei ihrer Sicherstellung im sozialen Miteinander.

- Für den Erwerb von Dialog- und Diskursfähigkeiten ist die Eingewöhnung in Standardmuster interaktiver Handlungen erforderlich: Sprecherwechsel bei Fragen, Auffordern, Erklären, Rechtfertigen, Widerspruch einlegen (Kap. 3).

Early Literacy

- Pädagogische Fachkräfte sollten in der Lage sein, Kinder zum Erzählen anzuregen, indem sie passende Materialien bereitstellen, sprachanregende Rückfragen stellen und angemessene Rückmeldungen geben. Dazu gehört auch, sie zur Beachtung der Besonderheiten verschiedener Texttypen (Tatsachbericht, fiktive Erzählung, Erzählung eigener Erlebnisse) aufzufordern.

- Das gemeinsame Betrachten von Bilderbüchern und der dialogische Austausch über deren Inhalte, ebenso wie der tägliche Umgang mit Schrift (z.B. in Büchern, Zeitungen, Schriftzügen in der Werbung, dem eigenen Namen) bilden die Motivationsgrundlage für den späteren Schriftspracherwerb. Kindertageseinrichtungen kommt häufig kompensatorisches Potenzial zu, wenn frühe Erfahrungen mit Schrift zu Hause nicht in ausreichendem Maße gemacht werden können. Damit eröffnet sich gleichzeitig ein wichtiges Feld der Elternpartizipation (Kap. 5 und 6.2).

diagnostische Kompetenzen

- Pädagogische Fachkräfte müssen Kenntnisse über grundlegende Methoden und Verfahren besitzen, um geeignete Instrumente auswählen und daraus Schlussfolgerungen für die Auswahl, Planung und Erfolgskontrolle von Sprachförderung ziehen zu können und

- Sicherheit in der Durchführung, Auswertung und Interpretation haben sowie Wert auf eine strikte Beachtung der standardisierten Anweisungen bei den Verfahren legen, die in den Einrichtungen selbst durchgeführt werden (Kap. 4.1).

- Pädagogische Fachkräfte sollten einen Überblick über die wichtigen existierenden Förderkonzepte haben sowie über Kriterien zu ihrer Beurteilung verfügen.

- Werden Förderprogramme durchgeführt, ist auf entsprechende Programmtreue und die begleitende Dokumentation zu achten, um eine hohe Umsetzungsqualität sicherzustellen. Dabei sollten die Förderbedürfnisse einzelner Kinder Berücksichtigung finden (Kap. 4.3).

Sprachförderkompetenzen

- Pädagogische Fachkräfte sollten bereit sein, die Wirkungen ihrer Arbeit begutachten zu lassen und sich selbstkritisch an internen Evaluationen zu beteiligen (Kap. 4.2).

Reflexionsfähigkeit

- Die Unterstützung bei der praktischen Umsetzung von additiver oder alltagsintegrierter Sprachförderung durch ein pädagogisches Coaching kann nur dann die gewünschte Wirkung entfalten, wenn das ganze Team zur Kooperation bereit ist und Verbindlichkeit herrscht.

professionelle Kompetenz

Situationen und Handlungsanforderungen in Kindertageseinrichtungen sind hochkomplex, mehrdeutig und nicht standardisierbar. Kreatives und selbstreflexives Handeln in diesen Situationen wird als professionelle Kompetenz bezeichnet. Innerhalb des Kompetenzmodells von Fröhlich-Gildhoff et al. (2011) wird zwischen Handlungsgrundlagen, Handlungsbereitschaft und Handlungsrealisierung differenziert. Das „wechselseitige Zusammenspiel von explizitem, wissenschaftlich-theoretischem Wissen, implizitem Erfahrungswissen, Fertigkeiten, Motivation sowie der Wahrnehmung und Analyse der Situation" (Anders 2012, 15) stellt die Grundlage der Handlungsfähigkeit dar, da sie die Planung und Bereitschaft zur Handlung beeinflussen.

pädagogisches Coaching

> *„Die Entwicklung [bzw. Beibehaltung] von Professionalität beginnt in der Regel mit dem Besuch von institutionalisierten Angeboten zur Aus-, Fort- und Weiterbildung, der zur Entwicklung von berufsrelevanten Kompetenzen beitragen soll" (Mischo/Fröhlich-Gildhoff 2011, 6).*

Bei derartigen Maßnahmen besteht jedoch die Gefahr einer „Transferlücke" zwischen Kenntnissen und der Umsetzung in der Praxis. Um diese zu vermeiden oder zu minimieren, sollte die pädagogische Fachkraft bei der Evaluation und Reflexion der Handlung am Ende einer spezifischen Situation durch einen Coach oder Supervisor unterstützt werden, sodass dieser Prozess die Basis für folgende pädagogische Handlungen darstellt.

Eine ausführliche und fundierte Auseinandersetzung mit dem Themenkomplex Qualitätsanforderungen an die Frühpädagogik als Sprachförderung bietet die WiFF-Expertise Nr. 2 von List (2010): www.weiterbildungsinitiative.de/publikationen/sprache/details-sprachfoerderung/artikel/zu-qualifikationsanforderungen-an-fruehpaedagogische-fachkraefte-im-arbeitsfeld-sprachfoerderung.html (01.07.2013)

Die Zeitschrift „Frühe Bildung" widmete der Professionalisierung von pädagogischen Fachkräften ein eigenes Themenheft: http://psycontent.metapress.com/content/r44g27530332/?p=366c4e8a4f744a629e052c88ee8b8d38&pi=5 (01.07.2013)

Eine vertiefte Auseinandersetzung mit Modellen professioneller Kompetenzen für pädagogische Fachkräfte bietet die Expertise von Yvonne Anders (2012), die im Auftrag des Aktionsrats Bildung erstellt wurde: www.aktionsrat-bildung.de/fileadmin/Dokumente/Expertise_Modelle_professioneller_Kompetenzen.pdf (01.07.2013)

6.2 Elternpartizipation und Frühe Hilfen

Vielfach wird die Kooperation mit den Eltern als Konfliktfeld wahrgenommen. Nach Dippelhofer-Stiem (2001) ist dies auf Ausbildungsdefizite und zu geringe Berufserfahrung zurückzuführen (Kap. 5). Erhöhte Qualifikationsanforderungen an die Gestaltung entwicklungsförderlicher Zusammenarbeit mit den Eltern stellen sich vor allem bei Familien mit Zuwanderungsgeschichte, Familien mit einem entwicklungsverzögerten Kind und Familien in sozial benachteiligten Lebenslagen (Gutknecht 2010).

Anforderungen

„Studierende, die ihre erste grundständige Ausbildung in einem Studiengang der Frühpädagogik absolvieren, müssen mit den unterschiedlichen Perspektiven, die Eltern in Bezug auf ihre Kinder einnehmen können, mit Unterschieden, Elternschaft zu leben, mit möglichen Empfindsamkeiten der Mütter und Väter aber auch den Herausforderungen von Elternschaft vertraut werden. Sie benötigen eine Schulung in Hinblick auf den im Professionsalltag erforderlichen Generations-Perspektivwechsel. Es ist die genuine Aufgabe einer Frühpädagogin, nicht nur den Kindern sondern auch

den Eltern als „Supporting Person" zur Verfügung zu stehen" (Gutknecht 2010, 142).

Dabei stellt der Umgang mit Ängsten, Eifersucht oder anderen schwierigen elterlichen Gefühlslagen die pädagogischen Fachkräfte immer wieder vor Herausforderungen, die nur mit außerordentlich hohen Sprachkompetenzen und einem sicheren Gespür für Konnotationen zu bewältigen sind. In einem Frühpädagogik-Studiengang muss auf diese Erfordernisse vorbereitet und der Grundstein für lebenslanges Lernen in diesem Bereich gelegt werden.

Eltern behinderter Kinder

Eltern behinderter Kinder verfügen – wie auch Eltern nicht behinderter Kinder – über ein erhebliches Wissen hinsichtlich der kindlichen Kommunikationsbedürfnisse und Kommunikationserfordernisse, der spezifischen Ernährungsgewohnheiten, die erforderliche Pflege und das Handling sowie kindliche Vorlieben im Spiel. Dieses Wissen können pädagogische Fachkräfte als wichtige Ressource nutzen, nachzufragen ist Ausdruck ihrer Fachlichkeit. Bei Kindern mit Behinderung ist es zur Gestaltung einer Erziehungs- und Bildungspartnerschaft unverzichtbar, die elterlichen Belastungen realistisch einzuschätzen. Das Leben mit einem behinderten Kind fordert häufig eine tiefgreifende Umgestaltung oder Aufgabe der eigenen Lebenspläne. Mütter von mehrfach behinderten Kindern fühlen sich besonders durch das permanente Zuständigsein belastet.

Konfliktpotenzial in der Kooperationsbeziehung besteht, wenn der kindliche Entwicklungsstand von pädagogischen Fachkräften und Eltern unterschiedlich eingeschätzt wird. Auch wenn Fortschritte des Kindes ausbleiben, drohen Beratungsfallen wie Ausweichen oder Bagatellisieren.

sozial benachteiligte Eltern

Eltern, die es nach professioneller Einschätzung „am nötigsten haben", kommen in der Regel nicht zu Elternabenden oder Gesprächen in die Einrichtungen und lassen sich nur schwer zu einer Annahme von pädagogischen Angeboten und Hilfen aktivieren (Gutknecht 2010). Die Beschämungsrisiken und Ängste vor Gesichtsverlust sind gerade in Kooperation mit sozial benachteiligten Eltern vielfältig; jede Art von Belehrung kann zu Kontaktabbrüchen führen. Viele pädagogische Settings mit typischen pädagogischen Strategien (auf dem Elternabend Ideen sammeln und diese an die Tafel schreiben) sind mit einem hohen Kontaktabbruchsrisiko verbunden. Haug-Schnabel und Bensel (2003, 10) stellen fest:

„Von materiellen und sozialen Problemen überlastete Eltern haben weder die Kraft, noch die Zeit, noch das Verständnis oder die Motivation, drohende psychosoziale Notstände ihrer Kinder zu sehen, noch akute Krisen zu erkennen und Hilfe zu suchen."

Für die Gruppe der Hoch-Risiko-Eltern hat sich gezeigt, dass diejenigen Angebote, die nicht passgenau, sondern auf ein „gemischtes Elternpublikum" hin ausgerichtet sind, nicht greifen. Diese Eltern erleben als Alleinerziehende zwischen vollständigen Familien oder als materiell schlecht gestellte zwischen wohlhabenderen Eltern in aller Schärfe ihre Außenseiterposition. Auch Erziehungsansprüche, die von einem Großteil der Elterngruppe geteilt werden, die aber für Eltern aus der Hoch-Risikogruppe als nicht umsetzbar in der eigenen Situation erscheinen, können zum Ausstieg aus der Gruppe führen.

Entlastung ist ein zentrales Thema in der Zusammenarbeit mit Eltern behinderter Kinder und sozial benachteiligten Familien, denn entlastete Eltern können sich ihren Kindern besser zuwenden. Hierbei ist auch die sozialräumliche Vernetzung der Kindertageseinrichtung mit der Frühförderung und weiteren familienentlastenden Diensten unabdingbar.

Maßnahmen zur Erhöhung von Elternkompetenz werden von beiden Elterngruppen am ehesten angenommen, wenn eine entsprechende Unterstützung der Familie bereits in den ersten Lebensjahren des Kindes mit Behinderung beginnt (Haug-Schnabel / Bensel 2003). Dabei haben sich vor allem zugehende oder niedrigschwellige Hilfen als erfolgversprechend erwiesen. Dazu gehören Hausbesuche, aber auch Elterncafés oder Baby-Massage-Kurse.

Eltern mit Migrationshintergrund

Für die Interaktion mit Eltern mit Migrationshintergrund ist die Entwicklung einer spezifischen kulturellen Responsivität erforderlich.

Nach Gutknecht (2010, 189) beruht die Haltung der **kulturellen Responsivität** auf differenzierten Kenntnissen der eigenen und der fremden Kultur. Eltern unterschiedlicher Kulturen verfügen über unterschiedliche Überzeugungen und Glaubenssätze (Beliefs) über Kindererziehung.

Pädagogische Fachkräfte können über den Kulturvergleich eigene Ethnotheorien aufspüren und sich die eigenen Beliefs bewusst machen. Eine Möglichkeit der Unterstützung sind Filme, in denen die liebevolle Zuwendung der Eltern mit teilweise stark unterschiedlichen Grundüberzeugungen ihrem Kind gegenüber deutlich wird.

Filmbeispiele für den Kontrast der kindgerichteten Sprache der westlichen Mutter mit der rhythmisierten und spiegelnden Sprache der afrikanischen

Mutter sind auf der Homepage des Projektes „Cultural Pathways" von Keller und Otto zu finden: www.culturalpathways.uni-osnabrueck.de/index.html (01.07.2013)

Eine familienaktivierende Arbeit der Frühpädagogin, bei der insbesondere der Abbau von Berührungsängsten im Fokus steht, gilt als optimale Voraussetzung zur Förderung der Kinder. Kommunikationsspezifika müssen nicht ausschließlich auf unterschiedliche kulturelle Bezugssysteme zurückzuführen sein. Störungen der Kommunikation entstehen vorwiegend dann, wenn es durch diskrepante Erwartungen zu Erwartungsenttäuschungen kommt (Auernheimer 2005).

Die wechselseitigen Erwartungen werden vom Kontext mitbestimmt: Nicht nur der kulturelle Bedeutungshorizont auch die gesellschaftlichen Rahmenbedingungen beeinflussen maßgeblich die Interaktion.

6.3 Kooperation von Kindertagesstätten und Schulen: Übergänge gestalten

Der Übergang von der Kindertageseinrichtung in die Grundschule stellt ein einschneidendes Ereignis im Leben eines Kindes und seiner Familie dar. Eine Zielrichtung von vorschulischen Sprachfördermaßnahmen muss auf dieser Grundlage in der Stärkung und Unterstützung von Familien in ihrem Alltag, bei Übergängen in neue Lebensphasen sowie in besonderen Lebenslagen und Belastungssituationen bestehen. Dies basiert auf der Erkenntnis, dass die Unterstützung des Kindes durch die Eltern eine grundlegende Voraussetzung für den Bildungserfolg von Kindern ist.

Übergang als Prozess

Wenn der Übergang vom Kindergarten in die Schule als Prozess verstanden wird, der die Interessen und Entwicklung des Kindes in den Vordergrund stellt, sind eine sorgfältige Planung der einzelnen Schritte und eine aktive, grundlegende Zusammenarbeit der Schule mit der Kindertageseinrichtung und mit den Eltern notwendig. Dies beginnt bereits weit vor Schulbeginn und erstreckt sich bis in die Zeit des zweiten Schuljahres. Ansätze zur konkreten Gestaltung des Übergangs sollen im Folgenden verdeutlichen, was Kindertageseinrichtung und Grundschule zu einem gelingenden Übergang beitragen können. Gemeint sind vielfältige Aktivitäten in Bezug auf das Kind, die Eltern und auf die Kooperation.

Sieben-Ebenen-Modell

Kinder sind darauf angewiesen, dass Eltern und pädagogische Fachkräfte rechtzeitig, bewusst und verbindlich tragfähige Transitionsprozesse planen. Vorbildlich und nachahmenswert sind die Übergangsszenarien, die Lingenauber (2010) als Sieben-Ebenen-Modell professionellen Handelns in der Übergangsgestaltung für Kindergärten und Grundschulen in Thüringen entwickelt hat:

- In der Ebene 1 treffen sich die Fachkräfte von Kindergarten und Grundschule zur Abstimmung der Bildungsarbeit.
- In der Ebene 2 treffen sich Fachkräfte aus Kita, Schule und die zugehörigen Eltern und packen gemeinsam den „Reisekoffer“ für das Übergangsjahr.
- In der Ebene 3 treffen sich Fachkräfte und Kinder, etwa, wenn die Kita-Kinder die Mathe-Oase in der Schule besuchen.
- In der Ebene 4 treffen sich Eltern der Schüler aus Klasse 1 mit den Eltern der Übergangskinder aus der Kita, um Erfahrungen auszutauschen (Eltern-Experten beraten Eltern).
- In der Ebene 5 treffen Kinder ihre Patenkinder, machen gemeinsam Sport an der Schule oder beteiligen sich an der Mathe-Rallye im Kindergarten.
- In der Ebene 6 treffen sich das Übergangs-Kind, die Eltern und die zugehörigen pädagogischen Fachkräfte zum Übergangs-Gespräch, wobei das Kind mit dem, was es bisher im Kindergarten geschafft hat (Portfolio, eigene Produkte) und was es zukünftig in der Schule schaffen will, im Zentrum steht.
- In der Ebene 7 arbeitet das Kind schließlich im Übergangsjahr zusammen mit seinen Eltern am Übergangs-Buch.

Förderplanung im Übergang

Übertragen auf die Anschlussfähigkeit der in der Kindertageseinrichtung etablierten sprachlichen Bildungsprozesse geht es im Übergang vom Kindergarten in die Schule um die Sicherstellung der bisher erzielten Erfolge in der Unterstützung sprachlicher Fähigkeiten. Die in der frühpädagogischen Praxis eingesetzten Dokumentationsverfahren können zu einer wertvollen Arbeitshilfe für Lehrkräfte werden und die Kontinuität von Sprachfördermaßnahmen in der Schule gewährleisten. Eng verbunden damit ist eine Analyse der kindlichen Kompetenzen unter Einbeziehung seiner Umwelt, sein Interesse an Sprache und die Bedingungen, unter denen es sich sprachlich äußert. In der Zusammenarbeit zwischen frühpädagogischen Fachkräften, Lehrkräften, Erziehungsberechtigten und Kindern sollten vorschnelle Zuschreibungen aufgrund eines bestimmten Merkmals oder Defizits vermieden und das Kind mit seinen individuellen Voraussetzungen in den Fokus genommen werden. Individuelle Dokumentationsverfahren sprachlicher Kompetenzen, wie z. B. Sprachtagebücher, Portfolios, Förderpläne oder Beobachtungsbögen können dabei einen Rahmen vorgeben, der die Planung und Fortschreibung von sprachlichen Bildungszielen strukturiert. In gemeinsamer Abstimmung soll der pädagogische Kontext so gestaltet werden, dass auf Basis der bisherigen Beobachtungen und Dokumentationen eine optimale Umgebung geschaffen wird, die an das einzelne Kind entsprechend seiner Ressourcen und Lernvoraussetzungen angepasst werden kann. Die Bedeutung der Einbeziehung von Eltern und Kind wird dabei nachdrücklich betont (Goepel 2009): Die ganze Familie sollte in die Entscheidungen rund um die Feststellung der kindlichen Bedürfnisse einbezogen werden. Von besonderer Bedeutung dabei ist, das Kind selbst nach seinen Wünschen und Zielen zu fragen, da es über ein einzigartiges Wissen über sich selbst und seine Bedürfnisse verfügt. Ein Zusammenhang zwischen dem Bildungserfolg und der Übereinstimmung der Zielsetzungen von pädagogischen Fachkräften kann nur hergestellt werden, wenn all diese Perspektiven bei der Übergangsgestaltung einbezogen werden.

1 Welches sind die wesentlichen Qualifikationsanforderungen, die an frühpädagogische Fachkräfte gestellt werden?

2 Was ist bei der Gestaltung von Bildungs- und Erziehungspartnerschaften zu beachten, wenn a) bei dem Kind eine Behinderung vorliegt, b) die Eltern unter Bedingungen sozialer Benachteiligung lebt?

3 Wie ist „kulturelle Responsivität“ definiert und wie kann diese gesteigert werden?

4 Welche Möglichkeiten der Gestaltung des Übergangs vom Kindergarten in die Schule werden aufgezeigt?

Literatur

Adler, Y. (2011): Kinder lernen Sprache(n): alltagsorientierte Sprachförderung in der Kindertagesstätte. Kohlhammer, Stuttgart

Adler, Y. (2009): Konzeption zur frühen alltagsintegrierten Förderung von Kindern mit Migrationshintergrund in Kindertagesstätten in Mecklenburg-Vorpommern. Unveröffentlichter Projektabschlussbericht. Ministerium für Bildung, Wissenschaft und Kultur, Mecklenburg-Vorpommern

AGJ, Arbeitsgemeinschaft für Kinder- und Jugendhilfe (2010): Frühpädagogische Studiengänge im Spannungsfeld von Spezialisierung und Generalisierung. In: www.agj.de/pdf/5/Fruehpaedagogik.pdf, 01.06.2013

AGJ, Arbeitsgemeinschaft für Kinder- und Jugendhilfe (2009): Anforderungen an Fachkräfte in Kindertageseinrichtungen. In: www.agj.de/pdf/5/Fachkraefte_Kita.pdf, 01.06.2013

Ainsworth, M. (1964/2003): Muster von Bindungsverhalten, die vom Kind in der Mutter-Kind-Interaktion gezeigt werden. In: Grossmann, K., Grossmann, H. (Hrsg.): Bindung und menschliche Entwicklung. John Bowlby, Mary Ainsworth und die Grundlagen der Bindungstheorie. Klett-Cotta, Stuttgart, 102–111

Ahnert, L. (2008): Von der Mutter-Kind- zur Erzieherinnen-Kind-Bindung? In: Becker-Stoll, F., Textor, M. (Hrsg.): Die Erzieherin-Kind-Beziehung. Cornelsen Scriptor, Berlin, 31–41

Ahnert, L. (2006): Anfänge der frühen Bildungskarriere. Familiäre und institutionelle Perspektiven. Frühe Kindheit 6, 18–23

Albers, T. (2010): Sag mal! Krippe, Kindergarten und Familie: Sprachförderung im Alltag. Beltz, Weinheim

Anders, Y. (2012): Modelle professioneller Kompetenzen für frühpädagogische Fachkräfte. Expertise zum Gutachten „Professionalisierung in der Frühpädagogik“. In: www.aktionsrat-bildung.de/fileadmin/Dokumente/Expertise_Modelle_professioneller_Kompetenzen.pdf, 01.06.2013

Auernheimer, G. (2005): Interkulturelle Kommunikation und Kompetenz. Migration und Soziale Arbeit, 27 (1), 15–22

BAG FWV, Bundesarbeitsgemeinschaft der freien Wohlfahrtsverbände (2008): Positionierungen der Bundesarbeitsgemeinschaft der Freien Wohlfahrtspflege zu aktuellen Themen der Erziehung, Bildung und Betreuung von Kindern. In: www.handbuch-kindertagespflege.de/files/pdf/application/pdf/7_c.pdf, 01.06.2013

Ball, E.W., Blachman, B.A. (1991): Does Phoneme Segmentation Training in Kindergarten make a Difference in Early Word Recognition and Developmental Spelling? Reading Research Quarterly 26 (1), 49–86

Baron-Cohen, S., Leslie, A.M., Frith, U. (1985): Does the Autistic Child have a „The-Ory of Mind"? Cognition 21 (1), 37–46

BMFSFJ (2010): Familien mit Migrationshintergrund. Lebenssituation, Erwerbsbeteiligungen und Vereinbarkeit mit dem Beruf. In: www.bmfsfj.de/RedaktionBMFSFJ/Broschuerenstelle/Pdf-Anlagen/Familien-mit-Migrationshintergrund,property=pdf,bereich=bmfsfj,sprache=de,rwb=true.pdf, 01.06.2013

BMWFJ (2009): Bundesländerübergreifender BildungsRahmenPlan für elementare Bildungseinrichtungen in Österreich. In: www.bmwfj.gv.at/Familie/Kinderbetreuung/gratiskindergarten/Documents/bildungsrahmenplan.pdf?19367, 12.06.2013

Bockmann, A., Kiese-Himmel, C. (2006): ELAN – Eltern Antworten. Elternfragebogen zur Wortschatzentwicklung im frühen Kindesalter. Hogrefe, Göttingen

Bornstein, M.H., Tamis-Le Monda, C.S., Hahn, C.-S., Haynes, O.M. (2008): Maternal Responsiveness to Young Children at Three Ages: Longitudinal Analysis of a Multidimensional, Modular, and Specific Parenting Construct. Developmental Psychology 44 (3), 867–874

Bowerman, M. (1982): Reorganizational processes in lexical and syntactic development. In: Wanner, E., Gleitman, L. (Eds.): Language Acquisition: The State of the Art. Cambridge University Press, Cambridge

Brügelmann, H., Brinkmann, E. (2006): Sprachbeobachtung und -förderung am Schulanfang. Wider ein technisches Verständnis von Diagnose und Förderung. Diagnostizieren und Fördern. Stärken entdecken – Können entwickeln. Friedrich, Velber

Bruner, J. (2008): Wie das Kind sprechen lernt. 3. Aufl. Huber, Bern

Brunner, M., Schöler, H. (2008): HASE. Heidelberger Auditives Screening in der Einschulungsdiagnostik. Westra, Binswangen

Brunner, M., Troost, J., Pfeiffer, B., Heinrich, C., Pröschel, U. (2001): Heidelberger Vorschulscreening (HVS) zur auditiv-kinästhetischen Wahrnehmung und Sprachverarbeitung. Hogrefe, Göttingen

Bunse, S., Hoffschildt, C. (2008): Sprachentwicklung und Sprachförderung im Elementarbereich. Olzog, München

Buschmann, A. (2010): Heidelberger Elterntraining zur frühen Sprachförderung. Trainermanual. Elsevier, München

Buschmann, A., Jooss, B. (2011): Alltagsintegrierte Sprachförderung in der Kinderkrippe. Effektivität eines sprachbasierten Interaktionstrainings für pädagogisches Fachpersonal. Verhaltenstherapie & Psychosoziale Praxis, 43 (2), 303–312

Buschmann, A., Jooss, B. (2010): Alltagsintegrierte Sprachförderung in Krippe und Kindergarten. Das „Heidelberger Trainingsprogramm“. LOGOS Interdisziplinär, 18 (2), 84–95

Buschmann, A., Jooss, B. (2007): Frühintervention bei verzögerter Sprachentwicklung: „Heidelberger Elterntraining zur frühen Sprachförderung“. Forum Logopädie 21 (5), 6–11

Buschmann, A., Jooss, B., Pietz, J. (2009): Frühe Sprachförderung bei Late Talkers – Effektivität einer strukturierten Elternanleitung. Kinderärztliche Praxis, 80 (6), 404–414

Casey, T. (2011): Die Rolle des Erwachsenen bei der Förderung des integrativen Spiels. In: Kreuzer, M., Ytterhus, B. (Hrsg.): „Dabeisein ist nicht alles“ – Inklusion und Zusammenleben im Kindergarten. Ernst Reinhardt, München, 219–231

Chilla, S., Rothweiler, M., Babur, E. (2013): Kindliche Mehrsprachigkeit. Grundlagen – Störungen – Diagnostik. Ernst Reinhardt, München

Chomsky, Noam (1985): Knowledge of Language. Its Nature, Origin, and Use. Praeger Publishers, Westport

Clahsen, H. (1986): Die Profilanalyse. Edition Marhold, Berlin

Conti-Ramsden, G. M., Botting, N. F., Simkin, Z., Knox, E. (2001): Follow-up of Children Attending Infant Language Units: Outcomes at 11 Years of Age. International Journal of Language and Communication Disorders 36 (2), 207–219

Corsaro, W. A. (2011): Interpretative Reproduktion, Peer-Beziehungen von Kindern und ihr Verlangen nach selbstbestimmter Interaktion. In: Kreuzer, M., Ytterhus, B. (Hrsg.): „Dabeisein ist nicht alles“ – Inklusion und Zusammenleben im Kindergarten. Ernst Reinhardt, München / Basel, 14–21

Dannenbauer, F. M. (2003): Spezifische Sprachentwicklungsstörung. In: Grohnfeldt, M. (Hrsg.): Lehrbuch der Sprachheilpädagogik und Logopädie, Bd. 2. Kohlhammer, Stuttgart, 48–74

Dannenbauer, F. M: (2002): Grammatik. In: Baumgartner, S. (Hrsg.): Sprachtherapie mit Kindern. Grundlagen und Verfahren. 5. Aufl. UTB Reinhardt, München

Dannenbauer, F. M. (2001): Chancen der Frühintervention bei spezifischer Sprachentwicklungsstörung. Die Sprachheilarbeit 46 (3), 103–111

dbl, Deutscher Bundesverband für Logopädie (2008): Sprachstandserhebung, Sprachförderung. In: www.dbl-ev.de/der-dbl/positionspapiere.html, 01.07.2013

DBS, Deutscher Bundesverband der akademischen Sprachtherapeuten (2007). Stellungnahme. In: www.dbs-ev.de/pdf/Stellungnahme%20in%20Kind%20sein%20in.pdf, 01.06.2013

DeCasper, A. J., Spence, M. J. (1986): Prenatal Maternal Speech Influences Newborns' Perception of Speech Sounds. Infant Behavior and Development 9 (2), 133–150

De Langen-Müller, U. (2012): Sprachförderung oder Sprachtherapie? Zusammenarbeit suchen! Sprachförderung ist Entwicklungsbegleitung,

Sprachtherapie ein spezifisches Heilmittel. KiTa aktuell 1, 9–11

Deutsche Gesellschaft für Sprachheilpädagogik (2007): Sprachstandserhebungen vor Schuleintritt – Positionspapier Oktober 2007. In: www.dgs-ev.de/fileadmin/bilder/dgs/pdf-dateien/dgsPositionspp.pdf, 01.06.2013

DGSS, Deutsche Gesellschaft für Sprechwissenschaft und Sprecherziehung (2007): Sprachförderung – ein Arbeitsfeld für Sprecherzieherinnen und Sprecherzieher? In: www.dgss.de/fileadmin/Redaktion/Oeffentlich/Newsletter/dgssaktuell2007-2.pdf, 02.07.2013

Dilling, H., Mombour, W., Schmidt, M. H. (2011): Internationale Klassifikation psychischer Störungen. ICD-10. Huber, Bern

Dippelhofer-Stiem, B. (2001): Erzieherinnen im Vorschulbereich. Soziale Bedeutung, berufliche Sozialisation und Professionalität im Spiegel sozialwissenschaftlicher Forschung. Arbeitsbericht Nr. 11. Die Lehrstühle für Soziologie der Fakultät für Geistes-, Sozial und Erziehungswissenschaften an der Otto-von-Guericke-Universität, Magdeburg

Döll, M., Roth, H.-J., Simon, J.(2009): Computergestützte Analyse der gesprochenen Kindersprache? Entwicklung und Erprobung eines parsergestützten Sprachtools für das Hamburger Verfahren zur Analyse des Sprachstands Fünfjähriger (HAVAS 5). In: Lengyel, D., Reich, H. H., Roth, H.-J., Döll, M. (Hrsg.): Von der Sprachdiagnose zur Sprachförderung. Waxmann, Münster, 71–90

Ehlich, K. (2005): Sprachaneignung und deren Feststellung bei Kindern mit und ohne Migrationshintergrund: Was man weiß, was man braucht, was man erwarten kann. In: Ehlich, K. (Hrsg.): Anforderungen an Verfahren der regelmäßigen Sprachstandsfeststellung als Grundlage für die frühe und individuelle Förderung von Kindern mit und ohne Migrationshintergrund. Bundesministerium für Bildung und Forschung, Berlin, 3–75

Elben, C. E., Lohaus, A. (2000): Marburger Sprachverständnistest für Kinder (MSVK). Hogrefe, Göttingen

Elfert, M., Rabkin, G. (2007): Das Hamburger Pilotprojekt Family Literacy (FLY). In: Elfert, M., Rabkin, G. (Hrsg.): Gemeinsam in der Sprache baden: Family Literacy. Internationale Konzepte zur familienorientierten Schriftsprachförderung. Ernst Klett Sprachen, Stuttgart, 32–57

El Morghabel, C., Deutsch, W. (2007): Pragmatik: Sprachentwicklung im Kontext sozialen Handeln. In: Schöler, H., Welling, A. (Hrsg.): Handbuch der Sonderpädagogik, Bd. 1: Sonderpädagogik der Sprache. Hogrefe, Göttingen, 57–66

Fernald, A. (1985): Four-month-old Infants Prefer to Listen to Motherese. Infant Behavior and Development 8, 181–195

Fricke, S., Schäfer, B. (2011): Test für Phonologische Bewusstseinsfähigkeiten (TPB). Schulz-Kirchner, Idstein

Fried, L. (2010): Wie steht es um die Sprachförderkompetenz von deutschen Kindergartenerzieherinnen? – Ausgewählte Ergebnisse einer empirischen Studie. In: Fischer, H.-J., Ganser, P., Michalik, K. (Hrsg.): Sachunterricht und Frühe Bildung. Forschungen zur Didaktik des Sachunterrichts, Bd. 9. Klinkhardt, Bad Heilbrunn, 205–218

Fried, L. (2009): Education, Language and Professionalism: Issues in the Professional Development of Early Years Practitioners in Germany. Early Years 29 (1), 19–30

Fried, L. (2007): Sprachförderkompetenz von ErzieherInnen. Ergebnisse einer Selbsteinschätzung. Sozial Extra 31 (5–6), 26–28

Fried, L. (2004): Expertise zu Sprachstandserhebungen für Kindergartenkinder und Schulanfänger. In: www.dji.de/bibs/271_2232_ExpertiseFried.pdf, 01.06.2013

Fried, L. (1980a): Lautbildungstest für Vorschulkinder (4–7 Jahre, LBT). Beltz, Weinheim

Fried, L. (1980b): Lautunterscheidungstest für Vorschulkinder (4–7 Jahre, LUT). Beltz, Weinheim

Fried, L., Briedigkeit, E., Schunder, R. (2008): Delfin 4 – Sprachförderorientierungen. Eine Handreichung. MGFFI NRW, Düsseldorf

Fried, L., Briedigkeit, E. (2008): Sprachförderkompetenz – Selbst- und Teamqualifizierung für Erzieherinnen, Fachberatungen und Ausbilder. Cornelsen Scriptor, Berlin

Friedrich, G. (1998): Teddy-Test. Hogrefe, Göttingen

Fritschi, T., Oesch, T. (2008): Volkswirtschaftlicher Nutzen von frühkindlicher Bildung in Deutschland. Eine ökonomische Bewertung langfristiger Bildungseffekte bei Krippenkindern. Bertelsmann Stiftung. In: www.bertelsmann-stiftung.de/bst/de/media/xcms_bst_dms_23966_23968_2.pdf, 01.06.2013

Fritz, J. (2004): Das Spiel verstehen. Eine Einführung in Theorie und Bedeutung. Juventa, Weinheim

Fröhlich, L. P., Metz, D., Petermann, F. (2009): Kindergartenbasierte Förderung der phonologischen Bewusstheit „Lobo vom Globo“. Kindheit & Entwicklung, 18 (4), 204–212

Fröhlich-Gildhoff, K., Nentwig-Gesemann, I., Pietsch, S. (2011): Kompetenzorientierung in der Qualifizierung frühpädagogischer Fachkräfte. In: www.weiterbildungsinitiative.de/uploads/media/WiFF_Expertise_Nr_19_Froehlich_Gildhoff_ua_Internet__PDF.pdf, 01.06.2013

Füssenich, I. (2011): Glossar zur sprachlichen Bildung. Von Spracherwerbstheorien bis zur Sprachförderung – Eine Einführung. DJI Impulse 4 (96), 25–28

Füssenich, I., Geisel, C. (2008): Literacy im Kindergarten. Vom Sprechen zur Schrift. Ernst Reinhardt, München

Gathercole, S. E., Baddeley, A. D. (1990): Phonological Memory Deficits in Language Disordered Children: Is there a Causal Connection? Journal of Memory and Language 29 (3), 336–360

Georgas, J., Berry, J. W., Vijver von de, F. J. R., Kagitcibasi, C., Poortinga, Y. H. (2006): Families across cultures: A 30-nation psychological study. Cambridge University Press, Cambridge

GEW, Gewerkschaft Erziehung und Wissenschaft (2007): Sprache fördern – Bildung ganzheitlich entfalten. In: www.gew.de/Binaries/Binary27932/Sprache_foerdern.pdf, 01.06.2013

Girolametto, L., Weitzman, E., Greenberg, J. (2006): Facilitating Language Skills: Inservice Education for Early Childhood Educators and Preschool Teachers. Infants & Young Children 19 (1), 36–46

Girolametto, L., Weitzmann, E., Lieshout v., R. (2000): Directiveness in Teachers' Language Input to Toddlers and Preschoolers in Day Care. Journal of Speech, Language and Hearing Research 43 (5), 1101–14

Gleitman, L. (1990): The Structural Sources of Verb Meanings. Language Acquistion 1 (1), 3–55

Goepel, J. (2009): Constructing the Individual Education Plan: Confusion or Collaboration? Support for Learning 24 (3), 126–132

Goldfield, B.A., Reznick, J.S. (1990): Early Lexical Acquisition: Rate, Content, and the Vocabulary Spurt. Journal of Child Language 17 (1), 171–183

Grimm, H. (2010): SETK 3–5. Sprachentwicklungstest für drei- bis fünfjährige Kinder. Diagnose von Sprachverarbeitungsfähigkeiten und auditiven Gedächtnisleistungen. Hogrefe, Göttingen

Grimm, H. (2008): Spezifische Störung der Sprachentwicklung. In: Oerter, R., Montada, L. (Hrsg.): Entwicklungspsychologie. Psychologie Verlags Union, Weinheim, 944–953

Grimm, H. (2003): Störungen der Sprachentwicklung: Grundlagen – Ursachen – Diagnose – Intervention. Hogrefe, Göttingen

Grimm, H. (2000): SETK-2. Sprachentwicklungstest für zweijährige Kinder. Diagnose rezeptiver und produktiver Sprachverarbeitungsfähigkeiten. Hogrefe, Göttingen

Grimm, H., Doil, H. (2006): ELFRA Elternfragebögen für die Früherkennung von Risikokindern. Hogrefe, Göttingen

Grimm, H., Schöler, H. (1991): H-S-E-T: Heidelberger Sprachentwicklungstest. Westermann, Braunschweig

Grimm H., Aktas, M., Kießig, U. (2003): SSV. Sprachscreening für das Vorschulalter. Kurzform des SETK 3–5. Hogrefe, Göttingen

Grimm, H., Aktas, M., Jungmann, T., Peglow, S., Stahn, D., Wolter, E. (2004): Sprachscreening im Vorschulalter: Wie viele Kinder brauchen tatsächlich eine Sprachförderung? In: Frühförderung interdisziplinär 23 (3), 108–117

Grundschulverband (2007). Sprachstandserhebung und Sprachförderung. In: www.grundschulverband-nrw.de/Sprachstand/2008/Stellungnahme%20Sprachstandserhebung_red.pdf, 13.06.2013

Günther, K.B. (1989): Ontogenese, Entwicklungsprozess und Störungen beim Schriftspracherwerb. Schindele, Heidelberg

Gutknecht, D. (2010): Professionelle Responsivität. Ein hochschulbezogenes Ausbildungskonzept für den frühpädagogischen Arbeitskontext U3. Dissertation an der PH Heidelberg. In: http://d-nb.info/1008380415/34, 01.06.2013

Hacker, D., Wilgermein, H. (2001): Aussprachestörungen bei Kindern. Ernst Reinhardt, München

Häuser, D., Kasielke, E., Scheidereiter, U. (1994): Kindersprachtest für das Vorschulalter – KISTE. Beltz, Weinheim

Hammer C., Tomblin, B. J., Zhang, X., Weiss, A. L. (2001): Relationship between Parenting Behaviours and Specific Language Impairment in Children. International Journal of Language and Communicative Disorders 36 (2), 185–205

Hansen, B., Iven, C. (2007): Störungen der Sprechflüssigkeit. In: Schöler, H., Welling, A. (Hrsg.): Handbuch der Sonderpädagogik, Bd. 1: Sonderpädagogik der Sprache. Hogrefe, Göttingen, 342–356

Hart, B., Risley, R. T. (1995): Meaningful Differences in the Everyday Experiences of Young American Children. Paul H. Brookes, Baltimore

Haug-Schnabel, G., Bensel, J. (2003): Niederschwellige Angebote zur Elternbildung. In: www.verhaltensbiologie.com/publizieren/online/elternbildung.pdf, 01.06.2013

Hoff, E. (2006): How Social Contexts Support and Shape Language Development. Developmental Review 26 (1), 55–88

Hoff, E. (2003): The Specificity of Environmental Influence: Socioeconomic Status Affects Early Vocabulary Development via Maternal Speech. Child Development 74 (5), 1368–1378

Holler, D. (2005): Bedeutung sprachlicher Fähigkeiten für Bildungserfolge. In: Jampert, K., Best, P., Guadatiello, A., Holler, D., Zehnbauer, A., Sens, A.(Hrsg.): Schlüsselkompetenz Sprache. Sprachliche Bildung und Förderung im Kindergarten. Verlag das Netz, Weimar / Berlin, 24–28

Holodynski, M. (2007): Bildungsbedeutung von Eltern, Familien und anderen Bezugspersonen für Kinder: Expertise. Landtag NRW – Enquetekommission „Chancen für Kinder“, Düsseldorf

Hopp, H., Thoma, D., Tracy, R. (2011): Sprachförderkompetenz pädagogischer Fachkräfte. Ein sprachwissenschaftliches Modell. Zeitschrift für Erziehungswissenschaft 13(4), 609–629

Jampert, K., Zehnbauer, A., Best, P., Sens, A., Leuckefeld, K., Laier, M. (Hrsg.) (2009): Kinder-Sprache stärken! Sprachliche Förderung in der Kita. Verlag das Netz, Weimar / Berlin

Jampert, K., Best, P., Guadatiello, A., Holler, D., Zehnbauer, A., Sens, A. (2007): Schlüsselkompetenz Sprache. Sprachliche Bildung und Förderung im Kindergarten. Konzepte – Projekte – Maßnahmen. Verlag das Netz, Weimar / Berlin

Jansen, H., Mannhaupt, G., Marx, H., Skowronek, H. (2002): BISC. Bielefelder Screening zur Früherkennung von Lese-Rechtschreibschwierigkeiten. 2. Aufl. Hogrefe, Göttingen

JMD, Jugendmigrationsdienst (2009): Vor der Einschulung Sprachförderung für Seiteneinsteiger aus Zuwandererfamilien gefordert. In: www.jmd.dwsaar.de/Saarbruecken/Aktuell/2008/Fachtagung/Positionspapier.pdf, 01.06.2013

Julius, H., Prater, M. A. (1996): Resilienz. Sonderpädagogik 26 (4), 228–235

Jungmann, T. (2009): Sprache und Kommunikation im Fokus. In: Lücking, C., Reichenbach, C. (Hrsg.): Praxis konkret im (Förder-)Schulalltag. Verlag modernes Lernen, Dortmund, 61–74

Jungmann, T., Fuchs, A. (2009): Sprachförderung. In: Lohaus, A., Domsch, H. (Hrsg.): Psychologische Förder- und Interventionsprogramme für das Kindes- und Jugendalter. Springer, Berlin, 63–74

Justice, L. M., Ezell, H. K. (2001): Word and Print Awareness in 4-year Old Children. Child Language Teaching and Therapy 17 (3), 207–225

Kannengieser, S. (2009): Sprachentwicklungsstörungen. Grundlagen, Diagnostik, Therapie. Elsevier, Stuttgart

Kany, W. (2007): Sprachförderprogramme. In: Schöler, H., Welling, A. (Hrsg.): Handbuch der Sonderpädagogik, Bd. 1: Sonderpädagogik der Sprache. Hogrefe, Göttingen, 767–813

Kany, W., Schöler, H. (2010): Fokus: Sprachdiagnostik. Leitfaden zur Sprachstandsbestimmung im Kindergarten. Cornelsen Scriptor, Stuttgart

Karmiloff-Smith, A. (1992): Beyond Modularity. A Developmental Perspective on Cognitive Sciences. MIT Press, Cambridge, M.A.

KEG, Katholische Erziehergemeinschaft (2007): Wertebildung in der Kindertagesstätte heute. In: www.anschwung.de/sites/default/files/Netta_Workshop_Wertebildung_Brosch%C3%BCre.pdf,02.07.2013

Keller, H. (2005): Kulturelle Entwicklungspfade: die ersten drei Lebensjahre im Kulturvergleich. Kinderärztliche Praxis, Sonderheft „Frühe Gesundheitsförderung und Prävention“ 76, 31–41

Keilmann, A. (2007): Kindliche Stimmstörungen. In: Schöler, H., Welling, A. (Hrsg.): Handbuch Sonderpädagogik, Bd. 1: Sonderpädagogik der Sprache. Hogrefe, Göttingen, 322–340

Kiese-Himmel, C. (2005): Aktiver Wortschatztest für 3- bis 5-jährige Kinder-Revision (AWST-R). Hogrefe, Göttingen

KMK / JMK (2004). Gemeinsamer Rahmen der Länder für die frühe Bildung in Kindertageseinrichtungen. In: www.kmk.org/fileadmin/veroeffentlichungen_beschluesse/2004/2004_06_04-Fruehe-Bildung-Kitas.pdf, 01.06.2013

Knapp, W. (2004): 100 Punkte Diagnose zur Erhebung sprachlicher Kompetenzen. Deutschprofi A2 / A3, Lehrermaterialien. Oldenbourg, München

Knapp, W., Kucharz, D., Gasteiger-Klicpera, B. (2010): Sprache fördern im Kindergarten. Umsetzung wissenschaftlicher Erkenntnisse in die Praxis. Beltz, Weinheim

Koglin, U., Fröhlich, L.P., Metz, D., Petermann, F. (2008): Elternbezogene Förderung der phonologischen Bewusstheit im Kindergartenalter. Kindheit und Entwicklung, 17 (3), 173–181

Kraus, K. (2005): Dialogisches Lesen – neue Wege in der Sprachförderung in Kindergarten und Familie. In: Roux, S. (Hrsg.): PISA und die Folgen: Sprache und Sprachförderung im Kindergarten. Empirische Pädagogik, Landau, 109–129

Kreuzer, M. (2011): Zur Beteiligung von Kindern im Gruppenalltag von Kindergärten – Ein Überblick zu Ergebnissen deutscher Integrationsprojekte. In: Kreuzer, M., Ytterhus, B. (Hrsg.): „Dabeisein ist nicht alles“ – Inklusion und Zusammenleben im Kindergarten. Ernst Reinhardt, München, 22–33

Kron, M. (2011): Integration als Einigung – Integrative Prozesse und ihre Gefährdung auf Gruppenebene. In: Kreuzer, M., Ytterhus, B. (Hrsg.): „Dabeisein ist nicht alles“ – Inklusion und Zusammenleben im Kindergarten. Ernst Reinhardt, München, 190–200

Kuhl, P.K., Meltzoff, A.N. (1982): The Bimodal Perception of Speech in Infancy. Science 218 (4577), 1138–1141

Kunze, H.-R., Gisbert, K. (2007): Förderung lernmethodischer Kompetenzen in Kindertageseinrichtungen. In: Bundesministerium für Bildung und Forschung (BMBF) (Hrsg.): Auf den Anfang kommt es an. Perspektiven für eine Neuorientierung frühkindlicher Bildung. Bildungsforschung Band 16, Berlin, 16–117

Küspert, P. (2007): Frühförderung im Kindergarten bei Verdacht auf Legasthenie. Monatsschrift Kinderheilkunde 155 (4), 345–350

Küspert, P., Schneider, W. (2008): Hören, lauschen, lernen. Sprachspiele für Kinder im Vorschulalter. Vandenhoeck & Ruprecht, Göttingen

Küspert, P., Roth, E., Schneider, W., Laier, R. (2001): Würzburger Trainingsprogramm zur phonologischen Bewusstheit und Sprachprogramm zur Buchstaben-Laut-Verknüpfung (Multimediaversion 1.0). Laier und Becker, Dielheim

Lally, J.R. (2007): Teaching and Caring: Responding to Both the Vulnerability and Competence of Infants and Toddlers. Childcare and Children's Health 10 (3). In: www.rch.org.au/emplibrary/ecconnections/CCH_Vol10_No3_September2007.pdf, 01.06.2013

Legendre, A., Munchenbach, D. (2011): Two-to-Three-Year-Old Children's Interactions with Peers in Child-Care Centres: Effects of spatial distance to caregivers. In: Infant Behavior & Development 34 (1), 111–125

Lengyel, D. (2008): Sprachförderung durch Erzählen – Indikatoren für die Analyse der Erzählfähigkeit von Vorschulkindern in der Zweitsprache Deutsch. Diskurs Kindheits- und Jugendforschung 3 (3), 259–276

Licandro, U., Lüdtke, U. (2011): „Peer tutoring“ als kultur-sensitiver und ressourcenorientierter Interventionsansatz in Fördersituationen mit mehrsprachigen Kindern. In: Rosenberger, K. (Hrsg.): Sprache aufbauen – Grenzen abbauen. Lernen mit Pfiff, Wien, 79–86

Lingenauber, S. (2010): Bildungsqualität durch Partizipation. Kindern und Eltern als Akteure im Übergangsprozess. Zeitschrift für Inklusion 4 (3). In: www.inklusion-online.net/index.php/inklusion/article/view/63/75, 01.06.2013

Lisker, A. (2011): Additive Maßnahmen zur vorschulischen Sprachförderung in den Bundesländern. DJI, München

List, G. (2010): Frühpädagogik als Sprachförderung. Qualitätsanforderungen für die Aus- und Weiterbildung der Fachkräfte. WiFF-Expertise Nr. 2. In: www.weiterbildungsinitiative.de/uploads/media/List.pdf, 01.06.2013

Lonigan, C. J., Wagner, R., Torgeson, J., Rashotte, C. (2007): Test of Preschool Early Literacy (TOPEL). Pro-Ed, Austin, Tx.

Lütje-Klose, B. (1997): Wege integrativer Sprach- und Kommunikationsförderung in der Schule. Röhrig, St. Ingbert

Lundberg, I., Frost, J., Petersen, O.-P. (1988): Effects of an Extensive Program for Stimulating Phonological Awareness in Preschool Children. Reading Research Quarterly 23 (3), 263–284

Marx, P., Lenhard, W. (2010): Diagnostische Merkmale von Screeningverfahren. In: Hasselhorn, M., Schneider, W. (Hrsg): Frühprognose schulischer Kompetenzen. Hogrefe, Göttingen

Mashburn, A. J., Downer, J. T., Pianta, R. C., Justice, L. (2009): Peer Effects on Children's Language Achievement During Pre-Kindergarten. Child Development 80 (3), 686–702

Mayr, T., Hofbauer, C., Kofler, A. (2012): Literacy und Sprache in Kindertageseinrichtungen (LisKit). Herder, Freiburg

Mehler, J., Jusczyk, P., Ghislaine, L. (1988): A Precursor of Language Acquisition in Young Infants. Cognition 29 (2), 143–178

Meindl, M., Jungmann, T. (in Vorb.): Erzähl- und Lesekompetenzen erfassen im Alter von 3 bis 5 Jahren (EuLe 3–5)

Melchers, P., Preuß, U. (2009): Kaufmann Assessment Battery for Children (K-ABC). Pearson Assessment, Frankfurt a. M.

Milhoffer, P. (2005): Der Kindergarten kommt zu spät. In: www.milhoffer.uni-bremen.de/texte/ReadToMe_Spielraeume.pdf, 13.06.2013

Mischo, C., Fröhlich- Gildhoff, K. (2011): Professionalisierung und Professionsentwicklung im Bereich der frühen Bildung. Frühe Bildung 0 (0), 4–12

Möller, D., Spreen-Rauscher, M. (2009): Frühe Sprachintervention mit Eltern. Schritte in den Dialog. Thieme, Stuttgart

Müller, K. (2000): Lernen im Dialog. Gestaltlinguistische Aspekte des Zweitspracherwerbs. Narr, Tübingen

Mundt, J. W. (1980): Vorschulkinder und ihre Umwelt. Eine Studie über

Lebensbedingungen und Entwicklungschancen. Beltz, Weinheim

Nelson, K. (2009): Young Minds in Social Worlds: Experience, Meaning, and Memory. Harvard University Press, Cambridge

Nelson, K. (2002): Language in Cognitive Development. Cambridge University Press, Cambridge

Nelson, K., Seidman, S. (1984): Playing with Scripts. In: Bretherton, I. (Ed.): Symbolic Play: the Development of Social Understanding. Academic Press, New York, 45–72

Netzwerk Kinderbetreuung (2012): Orientierungsrahmen für die frühkindliche Bildung, Betreuung und Erziehung in der Schweiz. In: www.orientierungsrahmen.ch/downloads/Orientierungsrahmen.pdf, 12.06.2013

Nickel, S. (2007): Beobachtung kindlicher Literacy-Erfahrungen im Übergang von Kindergarten und Grundschule. In: Graf, U., Moser Opitz, E. (Hrsg.): Diagnose und Förderung im Elementarbereich und Grundschulunterricht. Baltmannsweiler, 87–104

Nickel, S. (2005a): Family Literacy – Sprach- und Literalitätsförderung in der Familie. In: Fachforum „Orte der Bildung im Stadtteil". Dokumentation der Veranstaltung am 16./17. Juni 2005 in Berlin. Regiestelle E & C der Stiftung SPI, 85–90

Nickel, S. (2005b): Family Literacy in Deutschland. In: Elfert, M., Rabkin, G. (Hrsg.): Gemeinsam in der Sprache baden: Family Literacy. Internationale Konzepte zur familienorientierten Schriftsprachförderung. Ernst Klett Sprachen, Stuttgart, 65–84

Niedersächsisches Kultusministerium (2012): Sprachfördermaßnahmen vor der Einschulung. RdErl. d. MK v. 1.3.2012 – 32 – 80107/4 – VORIS 22410

Nußbeck, S. (2007): Sprache: Entwicklung, Störungen und Intervention. Kohlhammer, Stuttgart

Oerter, Rolf (1999): Psychologie des Spiels. Beltz, Weinheim

Papoušek, H., Papoušek, M. (1995): Intuitive Parenting. In: www.psychology48.com/deu/d/intuitive-parenting/intuitive-parenting.htm, 01.06.2013

Papoušek, H., Papoušek, M. (1987): Intuitive Parenting: A Dialectic Counterpart to the Infant's Integrative Competence. In: Osofsky, J. D. (Ed.): Handbook of Infant Development. Wiley, New York, 669–720

Papoušek, M. (2008): Vom ersten Schrei zum ersten Wort: Anfänge der Sprachentwicklung in der vorsprachlichen Kommunikation. Huber, Bern

Peter, U. (1998): Entwicklung sozialkommunikativer Kompetenzen. In: Zollinger, Barbara (Hrsg.): Kinder im Vorschulalter: Erkenntnisse, Beobachtungen und Ideen zur Welt der Drei- bis Siebenjährigen. Haupt, Bern, 47–80

Petermann F., Fröhlich, L. P., Metz, D., Koglin, U. (2007): Lobo vom Globo. Förderung der Sprachentwicklung im Vorschulalter. Eltern fördern ihre Kinder. Zentrum für Klinische

Psychologie und Rehabilitation der Universität Bremen, Bremen

Piaget, Jean (1982): Sprechen und Denken des Kindes. 5. Aufl. Schwann, Düsseldorf

Pinker, Steven (1984): Language Learnability and Language Development. Harvard University Press, Cambridge

Plume, E., Schneider, W. (2006): Hören, Lauschen, Lernen 2. Vandenhoeck & Ruprecht, Göttingen

Pramling Samuelsson, I., Asplund Carlsson, M. (2007): Spielend lernen. Stärkung lernmethodischer Kompetenzen. Bildungsverlag EINS, Troisdorf

Prang, C. (2001): Sprache ist mehr als Sprechen. Spracherziehung und -förderung, Teil 3. Kindergarten heute 1, 32–38

Prenzel, M., Baumert, J., Blum, W., Lehmann, R., Leutner, D., Neubrand, M., Pekrun, R., Rost, J., Schiefele, U. (Hrsg.) (2003): PISA 2003. Der zweite Vergleich der Länder in Deutschland – Was wissen und können Jugendliche? In: http://pisa.ipn.uni-kiel.de/PISA2003_E_Zusammenfassung.pdf, 01.06.2013

Rauschenbach, T. (2005). Plädoyer für ein neues Bildungsverständnis. APuZ 55 (12), 3–6

Reich, H., Roth, H.-J. (2004): Hamburger Verfahren zur Analyse des Sprachstandes bei 5-Jährigen (HAVAS-5). Auswertungsbogen Katze und Vogel – Deutsch. Behörde für Bildung und Sport, Hamburg

Remsperger, R. (2008): Feinfühligkeit im Umgang mit Kindern. Kindergarten heute 2, 8–12

Rice, M. L. (1995): The Rationale and Operating Principles for a Language Focused Curriculum (LFC) for Preschool Children. In: Rice, M. L., Wilcox, K. A. (Hrsg.): Building a Language-focused Curriculum for the Preschool Classroom: A Foundation for Lifelong Communication. Brookes Publishing, Baltimore, 27–38

Rice, M. L. (1993): Social Consequences of Specific Language Impairment. In: Grimm, H., Skowronek, H. (Eds.): Language Acquisition Problems and Reading Disorders: Aspects of Diagnosis and Intervention. de Gruyter, Berlin, 111–128

Ritterfeld, U. (2007): Elternpartizipation. In: Schöler, H., Welling, A. (Hrsg.): Handbuch der Sonderpädagogik, Bd. 1: Sonderpädagogik der Sprache. Hogrefe, Göttingen, 922–949

Ritterfeld, U. (2005): Interventionsprinzipien bei Spracherwerbsstörungen. Heilpädagogik online 03/05, 4–29. In: www.heilpaedagogik-online.com/2005/heilpaedagogik_online_0305.pdf, 01.06.2013

Ritterfeld, U. (1999): Pragmatische Elternpartizipation in der Behandlung dysphasischer Kinder. Sprache, Stimme, Gehör 4, 192–197

Ritterfeld, U., Dehnhardt, C. (1998): Elternarbeit in der Sprachtherapie. Kindheit und Entwicklung 7 (1), 163–172

Ritterfeld, U., Rindermann, H. (2004): Mütterliche Einstellungen zur sprachtehrapeutischen Behandlung ihrer Kinder. Zeitschrift für Klinische Psychologie und Psychotherapie 3, 172–182

Rodrian, B. (2008): Sprachförderung im familiären Alltag – ein Konzept zur Gruppenarbeit und Einzelarbeit. Edition Marhold, Berlin

Roos, J., Polotzek, S., Schöler, H. (2010): EVAS – Evaluationsstudie zur Sprachförderung von Vorschulkindern. Abschlussbericht der Wissenschaftlichen Begleitung der Sprachfördermaßnahmen im Programm „Sag' mal was – Sprachförderung für Vorschulkinder". Unmittelbare und längerfristige Wirkungen von Sprachförderungen in Mannheim und Heidelberg. In: www.sagmalwas-bw.de/media/WiBe%201/pdf/EVAS_Abschlussbericht_Januar2010.pdf, 01.06.2013

Roth, E., Schneider, W. (2002): Langzeiteffekte einer Förderung der phonologischen Bewusstheit und der Buchstabenkenntnis auf den Schriftspracherwerb. Zeitschrift für Pädagogische Psychologie 16 (2), 99–107

Rothweiler, M. (2007): Spezifische Sprachentwicklungsstörung und Mehrsprachigkeit. In: Schöler, H., Welling, A. (Hrsg.): Handbuch der Sonderpädagogik, Bd. 1: Sonderpädagogik der Sprache. Hogrefe, Göttingen, 254–258

Rubenstein, J. L., Howes, C. (1979): Caregiving and Infant Behavior in Day Care and Homes. Developmental Psychology 15 (1), 1–24

Ruopp, R., Travers, J., Glantz, F., Coelen, C. (1979): Children at the center: Final report of the National Day Care Study. Abt, Cambridge

Sachse, S., Pecha, A., Suchodoletz v., W. (2007): Früherkennung von Sprachentwicklungsstörungen. Ist der ELFRA-2 für einen generellen Einsatz bei der U7 zu empfehlen? Monatszeitschrift Kinderheilkunde 155 (2), 140–145

Sarimski, K. (2012): Behinderte Kinder in inklusiven Kindertagesstätten. Kohlhammer, Stuttgart

Schlösser, E. (2007): Wir verstehen uns gut. Spielerisch Deutsch lernen. Methoden und Bausteine zur Sprachförderung für deutsche und zugewanderte Kinder als Integrationsbeitrag in Kindergarten und Grundschule. Ökotopia, Münster

Schmid-Barkow, I. (1999): „Phonologische Bewusstheit" als Teil der metasprachlichen Entwicklung im Kontext von Spracherwerbsprozessen und Spracherwerbsstörungen. Die Sprachheilarbeit 44 (6), 307–317

Schneider, W., Roth, E., Ennemoser, M. (2000): Training Phonological Skills and Letter Knowledge in Children at Risk for Dyslexia: A Comparison of Three Kindergarten Intervention Programs. Journal of Educational Psychology 92 (2), 284–295

Schneider, W., Küspert, P., Roth, E., Visé, M., Marx, H., (1997): Short- and Long-term Effects of Training Phonological Awareness in Kindergarten: Evidence from Two German studies. Journal of Experimental Child Psychology 66 (3), 311–340.

Schneider, W., Visé, M., Reimers, P., Blässer, B. (1994): Auswirkungen eines Trainings der sprachlichen Bewusstheit auf den Schriftspracherwerb in der Schule. Zeitschrift für Pädagogische Psychologie 8, 177–188

Schuele, M. C., Rice, M. L. (1995): Redirects. A Strategy to Increase Peer Interaction. Journal of Speech and Hearing Research 38, 1319–1333

Schulministerium NRW (2012): Sprachstand. In: www.schulministerium.nrw.de/BP/Schulsystem/Schulformen/Grundschule/Sprachstand/index.html, 01.06.2013

Schöler, H. (1992): Wirkt sich die (Sonder-)Schulzeit negativ auf die Intelligenzleistung aus? – Anmerkungen zu empirischen Beobachtungen an Schulen für Sprachbehinderte. Sonderpädagogik 22 (3), 144–146

Short-Meyerson, K., Abbeduto, L. (1997): Preschoolers' Communication during Scripted Interactions. Journal of Child Language 24 (2), 469–493

Stange, W. (2012): Erziehungs- und Bildungspartnerschaften – Grundlagen, Strukturen, Begründungen. VS Verlag für Sozialwissenschaften, Wiesbaden

Suchodoletz, W. von (2007): Prävention umschriebener Sprachentwicklungsstörungen. In: Suchodoletz, W. von (Hrsg.): Prävention von Entwicklungsstörungen. Hogrefe, Göttingen, 45–79

Suchodoletz, W. von, Sachse, S. (2011): Sprachbeurteilung durch Eltern. Kurztest für die U7 (SBE-2-KT). In: www.kjp.med.uni-muenchen.de/download/SBE-2-KT-Handbuch.pdf, 01.06.2013

Suess, Gerhard J. (2011): Missverständnisse über Bindungstheorie. WiFF-Expertise Nr. 14. In: www.weiterbildungsinitiative.de/uploads/media/WiFF_Expertise_Nr._14_Gerhard_J._Suess_Missverstaendnisse_ueber_Bindungstheorie.pdf, 01.06.2013

Szagun, G., Stumper, B, Schramm, S. A. (2009): Fragebogen zur frühkindlichen Sprachentwicklung (FRAKIS) und FRAKIS-K (Kurzform). Pearson Assessment, Frankfurt

Tabor, P. O., Snow, C. E., Dickinson, D. K. (2001): Homes and Schools Together: Supporting Language and Literacy Development. In: Dickinson, D. K., Tabor, P. O.: Beginning Literacy and Language. Paul H. Brookes Publishing, Baltimore, 313–334

Textor, M. (1999): Väter im Kindergarten. Bildung, Erziehung, Betreuung 4 (1), 10–13

Tierney Williams, S., Mastergeorge, A. M., Ontai, L. L. (2010): Caregiver Involvement in Infant Peer Interactions. Scaffolding in a Social Context. In: Early Childhood Research Quarterly 25 (2), 251–266

Tomasello, M. (2003): Constructing a Language: A Usage-based Theory of Language Acquisition. Harvard University Press, Cambridge

Ulich, M. (2003): Sprachliche Bildung und Literacy im Elementarbereich. Kindergarten heute 33 (3), 6–18

Ulich, M., Mayr, T. (2006): Seldak. Sprachentwicklung und Literacy bei deutschsprachig aufwachsenden Kindern (Beobachtungsbogen und Begleitheft). Herder, Freiburg

Ulich, M., Mayr, T. (2003): Sismik. Sprachverhalten und Interesse an Sprache bei Migrantenkindern in Kindertageseinrichtungen (Beobachtungsbogen und Begleitheft). Herder, Freiburg

Verband Binationaler (2010): Statement zur Mehrsprachigkeit. In: www.verband-binationaler.de/fileadmin/user_upload/Bundesverband/Statement_zur_Mehrsprachigkeit.pdf, 01.06.2013

Viernickel, S. (2007): Bildung und Erziehung im Elementarbereich. Kinder- und Jugendschutz in Wissenschaft und Praxis 4 (1), 3–8

Weber, J., Marx, P., Schneider, W. (2007a): Die Prävention von Lese- und Rechtschreibschwierigkeiten bei Kindern nicht-deutscher Herkunftssprache durch ein Training der phonologischen Bewusstheit. Zeitschrift für Pädagogische Psychologie 21 (1), 65–75

Weber, J., Marx, P., Schneider, W. (2007b): Die vorschulische Förderung der phonologischen Bewusstheit. In: Schöler, H., Welling, A. (Hrsg.): Handbuch der Sonderpädagogik, Bd. 1: Sonderpädagogik der Sprache. Hogrefe, Göttingen, 746–761

Weissenborn, J. (2000): Der Erwerb von Morphologie und Syntax. In: Grimm, H. (Hrsg.): Enzyklopädie der Psychologie, C III, Band 3: Sprachentwicklung. Hogrefe, Göttingen, 141–169

Welzer, Harald (2008): Das kommunikative Gedächtnis. Eine Theorie der Erinnerung. 2. Aufl. Beck, München

Wendlandt, W. (2011): Sprachstörungen im Kindesalter. Thieme, Stuttgart

Werning, R. (2010): Inklusion: Chancen, Widersprüche, Perspektiven. In: www.hss.de/fileadmin/media/downloads/Berichte/100516-18_RM_Werning.pdf, 13.06.2013

Westphal, M., Kämpe, K. (2012): Elternarbeit im Bereich Kita: empirische Forschungsergebnisse. In: Stange, W. (Hrsg.): Erziehungs- und Bildungspartnerschaften – Grundlagen, Strukturen, Begründungen. VS Verlag für Sozialwissenschaften, Wiesbaden, 244–254

Wilde, S. (1996): Beziehungen zwischen kommunikativen und psychosozialen Kompetenzen im Vorschulalter. Eine vergleichende Untersuchung von dysphasisch-sprachgestörten und sprachunauffälligen Kindern. Unveröffentlichte Dissertation an der Universität Bielefeld

Winner, A. (2009): Bildungsjournal Frühe Kindheit: Sprache & Literacy. Cornelsen Scriptor, Berlin

Wolf, B. (2003): Familie und Kindergarten. In: Fried, L., Frey, A., Roux, S. (Hrsg.): Vorschulpädagogik. Schneider, Hohengehren, 16–37

Wolf, B. (2002): Elternhaus und Kindergarten. Shaker, Aachen

Wong Fillmore, L. (1976): The Second Time Around: Cognitive and Social Strategies in Second Language Acquisition. Ph. D. Thesis, Stanford University

Wong Fillmore, L. (1979): Individual Differences in Second Language Acquisition. In: Fillmore, C. F., Kempler, D., Wang, W. S. (Eds.): Individual Differences in Language Ability and Language Behavior. Academic Press, New York, 203–228

Wustmann, C. (2004): Resilienz. Widerstandsfähigkeit von Kindern in Tageseinrichtungen fördern. Beltz, Weinheim

Wygotski, L. (2002): Denken und Sprechen. Psychologische Untersuchungen. Beltz, Weinheim (Original: 1934)

Ytterhus, (2011): „Das Kinderkollektiv“ – Eine Analyse der sozialen Position und Teilnahme von behinderten Kindern in der Gleichaltrigengruppe. In: Kreuzer, M., Ytterhus, B. (Hrsg.): „Dabeisein ist nicht alles“ – Inklusion und Zusammenleben im Kindergarten. Ernst Reinhardt, München, 112–131

Sachregister